재미로 읽어 보는 우리말 속의 일본어

재미로 읽어 보는 우리말 속의 일본어

발행일   2019년 6월 19일

지은이   홍근
펴낸이   손형국
펴낸곳   (주)북랩
편집인   선일영   편집   오경진, 강대건, 최승헌, 최예은, 김경무
디자인   이현수, 김민하, 한수희, 김윤주, 허지혜   제작   박기성, 황동현, 구성우, 장홍석
마케팅   김회란, 박진관, 조하라
출판등록   2004. 12. 1(제2012-000051호)
주소   서울시 금천구 가산디지털 1로 168, 우림라이온스밸리 B동 B113, 114호
홈페이지   www.book.co.kr
전화번호   (02)2026-5777   팩스   (02)2026-5747

ISBN   979-11-6299-752-9 03730 (종이책)   979-11-6299-753-6 05730 (전자책)

이 도서의 국립중앙도서관 출판예정도서목록(CIP)은 서지정보유통지원시스템 홈페이지(http://seoji.nl.go.kr)와
국가자료공동목록시스템(http://www.nl.go.kr/kolisnet)에서 이용하실 수 있습니다.
(CIP제어번호: CIP2019023837)

생활 속에 스며든 일본식 표현 **490가지** 대해부

재미로 읽어 보는

우리말 속의
일본어

홍근 지음

PUBLICATION INDUSTRY PROMOTION AGENCY OF KOREA

2019
세 종 도 서
교양부문
한국출판문화산업진흥원

북랩 **book** Lab

일본어가 살짝 자리한 우리말

반만년의 역사를 가진 우리나라는 외국 세력으로부터 수많은 침략을 받아 왔다.

따라서 우리말 속에는 상당수의 외래어가 들어와 있을 수밖에 없다.

그렇다면 우리가 사용하는 한국어에서 '순수한 우리말'은 과연 얼마나 될까?

우리에게 가장 친근한 영어를 비롯하여 가장 가까운 나라인 일본과 중국, 또 멀리는 유럽과 몽골의 언어들이 우리의 일상생활 용어 속에 상당수 스며들어 있다.

그중에서도 일제 강점기 36년 동안 우리의 언어는 정치, 경제, 사회, 문화, 교육, 과학, 건설 등 거의 모든 분야에서 일본어의 영향을 받았다. 그뿐만 아니라, 제2차 세계대전 이후에는 우리보다 앞서 선진국이 된 일본을 따라잡기 위하여, 그들이 사용하는 여러 분야의 용어들을 여과 없이 받아들일 수밖에 없었다.

저자는 전후 세대로서, 회시 생활에서 일본 기업들과의 기래를 위한 해외 출장, 연수 등으로 자주 일본어에 노출되다 보니 남들보다 더 일본어에 관심을 가질 수밖에 없었다. 그러다 보니 우리말 속에 자리 잡은 일본어들이 더 눈에 띄었고, 그것이 계기가 되어 틈틈이 메모해 본 결과 250여 개의 단어가 넘어가게 되었다. 이 중에서 저자 나름의 지식을 통해 분석할 수 있었던 단어부터 하나씩 그 어원과 뜻을 풀어 책으로 만들어 보고자 하였다. 그 결과, 책을 완성할 즈음에는 거의 두 배인 490개의 단어에 이르게 되었다.

어떤 단어는 그 뜻을 정확히 알지 못하지만, 들리는 발음대로 관용적으로 사용해 왔으며, 어떤 단어는 세월이 흐르면서 우리말 속의 유사한 단어와 동화되어 마치 고유의 우리말처럼 사용되고 있는 경우도 다수 발견할 수 있었다. 심지어는 세대가 바뀌면서 그 발음과 뜻이 변하는 등 나름의 진화를 하는 경우도 볼 수 있었다.

그 외에도 많은 일본식 한자 용어들이 있었으나 그것까지 언급하기에는 너무 방대하여 이 정도에서 마무리 지을 수밖에 없었다.

비록 저자가 전문적인 학자가 아니므로 어떤 면에서는 다소 부족한 부분도 있겠으나, 그러한 부분은 더 학식이 있는 분들이 그 부족함을 메워 주실 것을 바라는 마음으로 이 글을 마무리해 본다.

일본어 검색은 '네이버 일본어 사전'을 주로 참조하였고, 일제 강점기를 사셨던 저자의 어머니(조옥진 여사)를 비롯한 원로들께 '시대적 배경'과 '사용하셨던 예'들에 관한 자문을 구함으로써, 추정적인 설명만 가능하였던 단어에 대하여 확신을 갖고 설명을 할 수 있었음에 감사의 말씀을 올린다.

또한, 일본어 유래 단어 조사 과정에서 미처 기억해내지 못하였던 단어들을 검색하여 제시해 주시고, 표지 그림 및 캘리그라피 등의 조언을 아끼지 않으신 김혜옥 선생님께도 감사의 말씀을 드린다.

끝으로, 이 책이 우리말의 이해와 발전에 도움이 됨은 물론이거니와 일본어에도 관심을 갖는 계기가 되며, 일본을 통하여 배울 수밖에 없었던 과거는 인정하되, 그들로부터 받아들인 좋은 점은 살리고 부족한 점은 개선하는 극일의 계기가 된다면 저자로서의 기쁨은 더할 나위가 없겠다.

2019년 1월 14일
홍근

편집자 주: 이 책은 우리나라에서 사용되는 용어가 일본어에서 유래된 것임을 밝히기 위해 일부 표현은 맞춤법 규정보다는 실생활의 발음을 따른 부분이 있습니다. 예를 들어, '돈까스'의 경우 한글 맞춤법 규정상으로는 '돈가스'가 바른 표기이나 일본어의 원발음인 '豚(とん)カツ[돈카쓰]'의 발음을 따라 '돈까스'로 표기하여 좀 더 실생활에서의 쓰임에 최대한 가깝게 하여 독자의 이해를 돕고자 했습니다.

또한, 'かきくけこ'의 발음은 '카키쿠케코' 또는 '까끼꾸께꼬'로, 유성음인 'がぎぐげご'의 발음은 '가기구게고'로, 'たちつてと'와 'だでど'는 각각 '타치쓰테토' 또는 '따찌쯔떼또'와 '다데도'로 표기하여 일본어의 실제 발음과는 미세한 차이가 있을 수 있으며, 'ん'의 발음 또한 실제 발음 시에는 'ㄴ'도 되고 'ㅁ', 'ㅇ'도 될 수 있음을 미리 알려드립니다.

목차

2장.
'ㄴ'으로 시작하는 단어들

3장.
'ㄷ'으로 시작하는 단어들

6장.
'ㅂ, ㅃ'으로 시작하는 단어들

8장.
'ㅇ'으로 시작하는 단어들

9장.
'ㅈ, ㅉ, ㅊ'으로 시작하는 단어들

10장.
'ㅋ'으로 시작하는 단어들

11장.
'ㅌ, ㅍ'으로 시작하는 단어들

1장

'ㄱ, ㄲ'으로 시작하는
단어들

1. 가께우동, 가끼우동

우리가 자주 먹는 음식 중에 '우동'이 있다. 이 단어 자체도 일본어의 'うどん[饂飩: 우동]'에서 온 것이지만, 그 앞의 '가께'는 과연 무슨 의미일까? 우동의 재료에서 온 것인가? 아니면 우동가락의 모양에서 온 것인가?

아니다. 그것은 우동을 조리해서 먹는 방식에서 온 것이라고 할 수 있다. 그것은 일제 강점기까지 거슬러 올라간다. 열차 여행을 할 때, 비교적 큰 역에 도착하면 정차 시간이 길었으므로 간단한 식사 정도는 할 수 있었다. 하지만 충분히 길지는 않았으므로 그 시간에 맞춰서 우동을 제공하기 위해서는 '우동의 면'은 미리 삶아두고 국물도 따로 만들어서 데워 두었다가 손님이 오면 재빠르게 면에다가 국물을 부어서 주었던 데에서 이 단어가 유래하였다. 즉, 일본어로 국물을 '붓다, 끼얹는다.'라는 뜻의 'かける[掛ける: 카께루]'라는 단어가 있는데, 이 말에서 유래하여 '가께우동'이 되었다.

또, 한편으로는 간이의자에 엉덩이를 걸터앉아서 먹는다고 해서 그런 이름이 되었을 가능성도 있다. '걸터앉는다.'의 일본어 또한 'こしかける[腰掛ける: 코시가께루]'라는 단어가 있기 때문이다. 어느 것으로부터 왔든지 모두 일본어에서 유래한 것은 틀림없다 하겠다.

2. 가꾸목

건설 현장이나 목재를 가지고 어떤 물건을 만들 때는 한 변의 길이가 3㎝ 정도의 사각형 단면에 길이가 3m 정도 되는 목재를 많이 쓴다.

여기서 '가꾸목'은 '角木(각목)'의 일본식 발음이다.

그런데 이것을 일컬을 때 왜 굳이 '가꾸목'이라고 할까? 아마도 '각목'보다는 발음상 편해서일 것이고, 작업자들만의 전문 용어로 들리기 때문일 것이다.

'かくもく[카꾸모꾸]'라고 쓰고 발음한 것을 우리가 쓰면서 '가꾸목'이 되었다.

3. 가다

'가다'에는 두 가지의 뜻이 있다.

하나는 '틀(型: 형)'이라는 뜻이 있고 다른 하나는 '어깨(肩: 견)'라는 뜻이 있다.

우리는 흔히 "이거 '가다'가 좋은데?"와 같이 '물건이 좋다.'는 뜻으로 사용하기도 하고, 어떤 물건의 '틀'이라는 뜻으로 사용하기도 한다.

즉, '金型(금형) 계통의 업종'에서 사용하는 용어 중에서 제품의 형상을 만들어 놓은 틀이 있는데, 이것을 흔히 '가다'라고 하며, '金型[かながた: 카나가타: 금형]', '鋳型[いがた: 이가타: 주형]'과 같은 형태로 주로 많이 쓴다.

금형이나 주형에서 나온 제품을 '이모노[鑄物]'라고 하며 이 말도 전문 분야에서 '주물 제품'이라는 뜻으로 많이 사용되고 있다.

'かた[型: 카타: 형, 틀]'의 'か'는 무성음이나 앞 단어의 수식을 받으므로 'がた'로 유성음이 된다.

또 다른 의미의 '가다'는 '어깨(肩)'를 의미하는데, 우리가 어릴 때 동네 꼬마들 중에서 나이에 비해서 덩치가 크거나 말썽 많은 꼬마를 "요 녀석 완전 '가다' 같은 놈이네."라고 하기도 하고, 어린애들 사이에서 제일 센 녀석을 "쟤가 첫째 가다야."라고 하기도 하였다. 여기서 '가다'는 일본어의 'かた[肩: 카타]'에서 온 것으로, 말 그대로 '어깨'를 의미하지만, 우리가 사용하면서 조금 불량한 단어로 변모하였다.

요즈음도 동네에서 좀 노는 청소년을 '어깨'라고 하는 것을 보면 그나마 일본어가 우리말로 순화된 것이 다행이라고 여기고 좋아해야 할지, 말아야 할지 모르겠다.

4. 가다꾸리

음식을 만들 때 쓰는 재료의 이름으로써 순우리말로는 '녹말가루'를 말한다.

우리나라는 정말 많은 분야에서 일본어의 잔재가 발견되는데, 특히 무심코 쓰는 음식명이나 재료에도 많음을 알 수 있다.

'かたくりこ[片栗粉: 카따쿠리꼬]'가 그 원래의 일본어이고 '감자' 같은 재료에서 뽑은 녹말가루를 말한다. '카따쿠리꼬→가따꾸리→가다꾸리'와 같이 변하였다.

5. 가다마이

우리는 양복 정장을 의미하는 말로 약간 속되게 "와~! 완전 가다마이로 했는데!"라든가 "가다마이 한 벌만 해 줘 봐!"라는 식의 표현을 하기도 한다.

여기서 '가다마이'는 발음만 들어봐도 일본어라는 것을 알 수 있다.

일본어에서 'かたまえ[片前: 카따마에]'라고 하면 '단추가 한 줄인 양복 상의', '싱글'이라는 뜻인데, '카따마에→가다마에→가다마이'로 변하여 지금과 같이 쓰게 되었다.

6. 가다밥

주로 수형자들 사이에서 은어로 사용되던 단어로써 콩밥이라고도 불렸지만, '가다밥' 또는 '가닷밥'이라고 하는 형무소 밥이 있다.

일본어로는 '型ご飯[かたごはん: 카따고항]'이라고 쓰고 그 뜻은 '틀밥' 또는 '곽밥'의 의미이다. 여기서 '가다'는 위 3항의 '가다'와 동일한 한자인 '型' 자에 우리말인 '밥'이 합쳐져서 만들어진 말이다. 순수 우리말로 바꾼다면 '틀밥', '곽밥' 정도로 이해하면 될 듯하다.

7. 가라

'가라'만큼 우리말에서 자주 쓰이는 일본어 단어도 드물 것이다.

"이거, 가라지(이거, 가짜지)?"

"가라 영수증 하나 써 줘(빈 영수증 하나 줘. 또는 가짜 영수증 하나 줘)."

"가라 마와리 한다(헛돈다)."

"가라가 멋있다(무늬가 멋있다)."

발음은 '가라'로 같아도, 때에 따라서는 그 한자가 다르다.

'から[空·虛: 카라: 빔, 공, 허공, 아무것도 갖고 있지 않음] [예: 空手(가라테)]', 'から[殼: 카라: 껍질, 껍데기, 허물, 외피]' 등의 뜻이 있다.

또한, 일본어에서는 '유성음'과 '무성음'의 구분이 우리말보다 확실하다.

예를 들어, 일본어 발음에서 'から[카라]'와 'がら[가라]'는 완전히 다른 단어이다.

유성음인 'がら[柄: 가라]'가 우리말로 유입된 것에는 '무늬'라는 뜻이 있다.

옷감을 취급하는 분야에서는 아직도 '가라'라고 하면 무늬를 뜻한다.

8. 가라오케

지금은 '노래방'이라고 부르지만, 20여 년 전만 해도 '가라오케'라는 말을 많이 썼고, 국제 통용어도 '카라오케(karaoke)'이다. 이 말은 일어와 영어의 합성어이다.

단어를 줄여 쓰기를 좋아하는 일본 사람이 만든 일종의 신조어라고 할 수 있다.

'から(空)+orchestra(오케스트라)=カラオケ[카라오케]' 즉, '가짜 오케스트라'라는 뜻의 줄임말이다.

9. 가리

시장이나 도매상 등에서 물건값을 흥정하다가 가끔 들을 수 있는 단어이다.

"이거 몽땅 가리 한다."라고 하면 상황에 따라서 조금은 다른 표현이 될 수도 있지만, 대부분은 '외상'이라는 의미로 통한다. 한편으로, '모두 다 내가 일단 점찍는다.'라는 의미도 포함되어 있다. 이 또한 물론 일본어에서 유래한 용어라고 할 수 있다. 발음상으로는 같지만, 두 가지의 어원으로 유추된다. 그 하나는 'かり[借り: 카리]'라고 쓰고 읽으며 '빌림, 빚'의 뜻이므로 '외상'을 의미하고, 다른 하나는 'かり[狩り: 카리]'라고 쓰고 읽으며 '사냥'을 뜻한다. 따라서 '내가 사냥하듯이 쓸어 간다.'와 같은 의미도 내포되어 있다고 볼 수 있다.

10. 가마니, 가마

우리가 자주 쓰는 '가마니'라는 단어조차 일본어에서 왔다는 데에는 놀라지 않을 수 없었다.

일본어로는 'かます[叺: 카마스]'인데, 1908년에 가마니 짜는 기계가 들어올 때 '가미스 찌는 기계'라는 말을 자주 쓰게 되었는데, 이를 일본어로는 '카마스오아무기카이[かますを編む(あむ)機械]' 또는 줄여서 '카마스아미기[かます編み機]'라고 하였다. 바로 이것이 구전되면서 '카마스아미기→카마사미기→가마미기→가마니기'로 변형되었고 '가마니[機]'에서 만들어진 물건이니 자연스럽게 '가마니'로 되고, 더 줄여서 '가마'라고 하게 되었다. 그 이전의 가마니에 해당하는 우리 고유의 단어는 '섬', '멱', '멱서리'라는 말을 썼다고 한다. 한 섬은 두 가마니 정도의 크기였다고 한다.

11. 가미소리

연세가 좀 드신 70세 전후의 분들은 면도기를 '가미소리'라고 많이들 하시고 이발소를 오래 운영하신 분들도 이 말을 쓰시는 것을 들은 적이 있다.

예전의 인기 드라마 〈야인시대〉에서도 일본 '야쿠자'의 별명으로 '가미소리'가 등장한 적이 있다. 'かみそり[剃刀: 카미소리]'라고 쓰고 읽으며 '면도칼'을 의미하지만, 광범위하게는 '전기면도기'도 그렇게 부르기도 한다.

12. 가방모찌

'ガバンもち'라고 쓰며 가방을 가타카나로 쓴 것을 봐서는 일본의 입장에서도 외래어에 해당한다. 'ガバン'의 의미는 우리의 '가방'과 같으므로 역시 일본어의 영향으로 만들어진 단어라고 할

수 있다. 원래의 어원은 네덜란드어에서 가방을 뜻하는 '카바스 (kabas)'에서 왔다고 한다. 이것이 중국으로 전해지면서 '캬반', 일본으로 전해지면서 '가방'으로 바뀌고 우리나라에도 '가방'이라는 말로 전해 내려왔다.

또한, '모찌'는 '持ち[もち]'라고 쓰며 동사 원형은 '持つ[もつ]'이다. '~을 쥐다, 들다, 가지다.'라는 뜻으로 두 단어를 합성해서 쓰면 '가방 들기'인데, 이는 가방을 들고 따라다니는 수행원이라는 뜻이지만, 가장 가까이서 상사를 모시는 부하 직원 정도의 의미가 더 강하다.

13. 가베

건설 현장에서는 '벽'을 '가베'라고 전문 용어인 양 사용한다. 일반인들 사이에서는 연세 좀 드신 분들이 사용하는 경우가 종종 있다.

'かべ[壁: 카베]'라고 쓰고 읽으며 '벽', '격벽' 또는 '장애물'을 뜻한다.

14. 가보시끼, 가부시끼

우리가 일상생활을 하다 보면 여럿이서 돈을 나누어 지불해야 할 때가 생긴다.

요즈음은 이럴 때 "더치페이로 하자!"라는 말을 많이 쓰지만, 예전엔 '가보시끼'로 하자는 말이 많이 통용되었고, 아직도 60세 전후의 분들은 이 말을 많이 쓰고 있다.

이 말 역시 일본말에서 온 것으로, 'かぶしき[株式: 카부시키: 주식]'이라는 의미이다. 즉, 주식은 회사가 운영 자금을 마련하기 위하여 여러 자본가로부터 돈을 모은 것이므로 여럿이서 나누어서 낸 것과 같은 의미를 내포하고 있어서 이처럼 서로 나누어서 지불하는 것을 '가보시끼'로 비유해서 표현한 것이다.

원발음은 '카부시키'이지만, 이것이 '가부시끼, 가보시끼'로 구전되면서 그렇게 쓰이게 되었다.

15. 가시메

길을 가다 보면 간판에 '가시메', '하도메' 등과 같이 이름 모를 단어들이 들어간 간판을 볼 수 있다. '하도메'는 '비둘기 눈'이라는 뜻으로, 속이 빈 동그란 금속을 말하는데, 이는 12장에서 설명하기로 하고, 여기서는 '가시메'를 먼저 설명하고자 한다. 이 단어는 일본어의 'かしめ[카시메]'에서 온 것으로 그 뜻은 '이음매 작업'이라는 사전적 의미가 있지만, 예의 간판에 써 놓은 '가시메'는 가방 만드는 공장에서 사용하는 '리벳' 형태의 장식용 금속 부품을 말한다. 특히, 가죽 공예나 가죽 가방을 만드는 데 많이 사용하는 부품인데, 전문 용어인 양 사용되고 있다.

16. 가오, 가오마담

흔히들 "가오가 있지.", "저 사람은 가오 마담이다." 등의 표현에서 많이 쓰고 있다.

이 역시 일본어에서 온 단어로, 'かお[顔: 카오]'라고 쓰며 '얼굴, 낯'을 의미한다.

여기서 '마담'은 'マダム[madam: 마다무]'로, '술집, 다방 등의 여주인, 부인'을 뜻한다.

17. 가오다시

앞항의 '가오'와 같은 뜻으로, 뒤의 '다시'와 같이 사용함으로써 우리나라에서는 '잘난 척'하거나 '체면치레'하는 모습을 뜻한다.

그러나 일본어의 원뜻은 '모임에 얼굴을 내밀다, 잠깐 출석함, 인사하러 감.'이다.

뜻은 비슷하지만 아마도 우리나라로 전해지면서 '뉘앙스'가 조금 변한 듯하다.

'かおだし[顔出し: 카오다시]'라고 쓰고 읽는 것을 우리가 구전으로 이어서 쓰고 있는 것이다.

18. 가이당, 가에당

요즘은 이런 표현은 잘 쓰지 않는 듯하나 나이 드신 분들은 종종 쓰는 것을 보았다.

이 역시 일본말에서 유래한 것으로 '계단'이라는 뜻이다.

'階段[かいだん: 카이단: 계단, 층층대, 단계, 순서]'이라는 뜻으로서 일본식 한자를 우리 발음으로 그대로 읽어서 '계단'이라고 쓰고 있다.

19. 가이바시

먹는 음식 중에 '가이바시'라는 것이 있다.

조개의 '관자'라고 하는 이 부위는 조개의 껍데기에 붙어있는 일종의 근육으로 조개껍질을 여닫는 힘을 내는 곳이다.

그런데, 일반화된 음식이 되면서 습관적으로 이렇게 일본어로 부르게 되었다.

원래의 명칭은 '카이바시라'인데, 'かいばしら[貝柱]'라고 쓰며 '조개관자, 가리비 따위의 조개관자를 삶아서 말린 것'을 뜻한다.

구전되어 자주 사용하면서 '카이바시라→카이바시→가이바시'로 변하였다.

20. 간스메

지금은 모두 '통조림'이라는 말을 더 많이 쓰고 있으나 저자가 어린 시절에는 보통 이렇게 '간스메'라는 말을 더 많이 사용했다.

'かんづめ[缶詰め]'라고 쓰고 원발음은 '칸즈메'이다.

그 뜻은 물론 '통조림, 협소한 장소에 (많은) 사람을 가두고 외부와의 접촉을 단절함.'이다. 여기서 '缶'은 우리말 발음으로는 '관'으로 영어의 'can'을 일본 발음으로 표현한 것이다. 'つめ[詰め: 쓰메]'는 'つめる[詰める: 쓰메루]'의 명사형으로 '채우다, (빈 곳을 잔뜩) 채워 넣다, 처넣다, 담는다.'의 뜻이다. '간즈메'라고 하면 '먹을 것을 캔에 채워 넣은 것' 정도의 의미라고 할 수 있다.

21. 간죠

음식점에서 식사가 끝났거나 술집에서 회식이 끝났을 때, 요즘은 "계산서 주세요."라고 많이 하지만 예전에 어르신들은 "여기 간죠~!"라고 했던 기억이 난다.

아마 지금도 연세가 좀 지긋하신 분들은 '간죠'라는 단어를 종종 쓰실 것이다.

여기서 '간죠'는 일본어의 'かんじょう[勘定: 칸죠오]'에서 온 것으로 '계산, 셈, 금전 출납의 계산'을 의미한다.

22. 간지

약 10~15년 전부터 일반인들 사이에서 조금씩 사용되더니 지금은 너나 할 것 없이 일반 대중들 사이에서도 많이 쓰이는 단어이다.

하지만, 그 이전부터도 영화나 사진 등 방송, 영상 관계의 일이나 광고 업계의 일을 하는 전문가들 사이에서는 그들만의 전문 용어 비슷하게 쓰이고 있었다.

당연히, 우리보다 선진 문물을 먼저 받아들였던 일본의 문화를 따라가다 보니 그들과 접촉을 많이 하게 되면서 비교적 이해하기 쉽고 자주 쓰는 단어로 구전되었다고 볼 수 있다. 또한, 옷을 잘 매치하여 입었을 때도 "간지 난다."라는 말을 하기도 하는 것을 보면 제법 여러 분야에서 아직도 사용하고 있는 것으로 보인다.

그 어원은 일본어의 '感んじる[かんじる: 칸지루]'로 '느끼다'라는 동사이고, 그 명사형이 '感んじ[かんじ: 칸지]'다. '칸지→간지'로 변하였다.

23. 갑빠

화물 자동차에 짐을 실을 때 비가 올 우려가 있으면 씌우는 천을 우리는 '갑빠'라고 한다.

혹시, 'cover(커버)'의 일본어식 표현이 아닌가 하고 막연하게 생각하시는 분들이 많으리라고 생각한다.

하지만, 이것도 일본어의 외래어 표기법에 따라서 기록된 것을 우리가 그대로 받아서 사용하는 것이다. 즉, 포르투갈어의 'capa(카파)'를 가타카나로 'カッパ[캇빠]'라고 쓴 것을 우리가 그대로 발음하여 사용한 것이다. 그 뜻은 '소매 없는 외투, 망토, 비옷, 비 막이, 커버, 피복물, 책표지' 등이다.

24. ~까라

일본어로 'から'라고 쓰며 '~부터'라는 뜻인데, 우리말에서 '~까라'라고 하면 '~을 위시해서', '~에서부터'와 같이 일종의 속어로 비교적 자주 쓰는 단어가 되었다. 다시 말하면, 이 단어는 일본어의 '~에서부터'라는 뜻의 격조사 'から[카라]'에서 유래하였다. 원래의 일본어 뜻도 '출발하는 위치, 동작의 기점'을 나타내는 말로 '~에서부터, ~으로부터'이다.

25. 깜보

저자가 어릴 때 친한 친구들이 생기면 "우리 깜보 할까?" 또는 비밀을 친구에게 말하기 전에 누설하지 말라는 뜻으로 "그럼, 너

깜보 해!" 하고 새끼손가락을 거는 시늉을 하곤 했다. 그 뜻은 '마음을 터놓는 친구가 될까?' 또는 '비밀을 공유하는 친구 할까?' 정도의 느낌이었던 것으로 기억한다. 지금도 이 단어를 쓰는 경우가 있을지는 모르겠는데, 아무튼 존재하리라고 생각한다. 일본어 사전을 찾아보면 'かんぼう[奸謀: 캄보오: 간모, 간계]'라고 되어 있다.

한자와 뜻을 보니 그 어린 시절의 알 듯 모를 듯했던 '깜보'의 뜻을 확실히 알 수 있을 것 같다.

26. 깡

금융계통에서 많이 사용되는 용어 중에 '깡'이라는 것이 있다. 특히 '사금융'에서 돈을 대출할 때, 선이자를 떼고 돈을 받는 것을 '깡'이라고 한다.

즉, '할인율'을 적용하는 것을 의미한다.

여기서 '깡'은 '와리깡'의 준말로 이 역시 일본어에서 온 것이다.

그런데 '와리깡'의 원래 일본어의 뜻은 'わりかん[割り勘: 와리깡]'이라고 쓰고 '각자 부담'이라는 뜻으로 '割り前勘定[와리마에칸죠오]'의 준말이다.

직역하자면 '사람 수대로 나눈 계산'이라는 뜻으로 우리가 흔히 사용하는 말인 '더치페이'에 해당한다.

일본어가 우리말에 전해지면서 그 의미가 조금 변질된 것이라고 할 수 있다.

27. 깡기리

우리가 병뚜껑이나 통조림통을 딸 때 쓰는 도구를 아직도 '깡기리'라고 부르는 경우가 종종 있다. 여기서 '깡기리'는 역시 일본어에서 온 것이다.

일본어로 'かんきり[缶切り: 캉기리]'라고 쓰고 읽는다.

여기서 '缶'은 '캔'을 의미하고 '切り'는 '자르다'라는 뜻이므로 원래의 뜻은 '캔 오프너(can opener)'이나 우리나라로 전래되면서 폭넓게 '병따개'의 의미로까지 사용된 것이다. 아마도 그 이유 중의 하나는 '깡통따개와 병따개'가 양쪽에 각각 달린 도구가 보급되었기 때문일 것이다.

28. 깡통

깡통 역시 일본어와 우리말을 중복해서 쓴 '겹말'이라고 할 수 있다.

'깡'은 '缶[かん: 캉]'의 일본어 발음인데, 우리말의 '통'과 같은 의미이지만, 함께 붙여 쓰면서 하나의 단어처럼 쓰게 되었다.

이는 '역전앞', '처가집'과 같은 '겹말'의 사용 예라고 할 수 있다.

29. 깡패

일제 강점기에는 지금의 깡패라고 일컫는 '주먹패'들이 영화관이나 극장을 중심으로 '부정 관람객을 관리해 준다.'라는 명목으로 영화관으로부터 사무실을 배정받고, 또한, '주변 상권을 관리

한다.'라는 명분으로 부근의 상인들로부터 '보호비' 명목으로 정기적인 상납을 받으며 활동 영역을 넓히고 있었다.

그때 종로에서는 '김두한'이라는 사람이 활약하고 있었는데, 그는 독립군 대장 '김좌진 장군'의 아들로 나중에 국회의원까지 지낸 협객이었다.

그는 당시에 전국적으로 명성을 날리던 일류 영화관 우미관(優美館)을 본부 사무실로 사용하고 있었다.

한편으로, 그때는 일제 강점기였으므로 일본에서 건너온 '야쿠자'들도 활약하고 있었다. 그들은 지금의 명동인 '혼마치'를 중심으로 활동하였고, 그들의 본거지의 이름은 '本町館(ほんまちかん: 혼마치깡)'이었다(드라마 <야인시대> 21화 참조. 혼마치깡의 하야시).

두 패는 지금의 청계천을 기준으로 서로의 '나와바리(なわばり: 繩張り)'를 형성하고 상대의 경계를 넘보기도 하였다. 그 결과로 잦은 싸움이 있었다.

즉, '혼마치깡 패거리(혼마치 깡패)'와 '우미관 패거리(우미관 패→우미깡패)'들의 싸움이 종종 있었던 것이다.

바로 이런 싸움에 대한 소문들이 입에서 입으로 전달되는 과정에서 일본 발음과 한국 발음이 조합된 '깡패'라는 말이 자연스럽게 줄임말로 사용된 것으로 보인다.

특히, 당시는 일본어 사용을 정책적으로 강요하고 있어서 서민들도 일본어를 알게 모르게 많이 사용하였다.

따라서 듣기에 우리말과 비슷한 단어들은 마치 우리말인 양 변형되이 자주 사용되었다. 그 당시를 배경으로 한 영화나 글을 보면 '혼마치 깡패'라든가 '우미관 패'라는 말이 많이 등장하는 것을 보아 일본어와 우리말이 혼합된 표현인 '깡패의 어원'이라고 보아도 틀림없을 것 같다.

30. 개뼉따구

"무슨 개뼉따구 같은 말이야?"

"개뼉따구 같은 놈 같으니라구~." 등으로 사용되어 오던 단어이다.

그런데, 왜 하필 '개뼉따구'가 이런 뜻으로 사용되었을까 하고 의구심을 갖게 되었다. 즉, 여기서 말하는 '개뼉따구'는 '엉뚱한' 또는 '괴상한 행동을 하는 사람' 등의 뜻으로 사용되고 있기 때문이다.

그래서 나름의 추측을 가미하여 보니, 혹시나 海兵隊(해병대)의 일본식 발음에서 유래하지 않았나 하는 생각이 들었다.

왜냐하면, 해병대는 일본식 발음으로 'かいへいたい[카이헤이따이]'인데, 대화 중에 다른 단어와 섞어서 들으면 일본어를 잘 모르는 한국인에게는 우리말에 있는 '개뼉따구'로도 들릴 가능성이 있기 때문이다.

보통 해병대는 다른 군대보다도 불리하고 어려운 상황에서 싸우는 군대이므로 보통 때도 외적으로 풍기는 느낌이 다르다. 그러므로 해병대를 비유하는 표현들은 모두 강하고 통상적이지 않은 문장 표현을 동반하는 경우가 많다.

따라서 일제 강점기 때도 일본 해병대의 활약상을 얘기할 때에는 강하고 통상적이지 않은 표현을 사용했을 것이고, 우리말 중에서 발음이 비슷한 단어 가운데에서 선택된 것이 '개뻑따구' 아니었나 싶다. 왠지 언어 사용상 '뉘앙스'가 비슷하기 때문이다. '개구장이'라든가, '개고기'라든가, '개지랄'이라든가 하는 경우의 '개'자는 모두 무엇인가를 심하게 행동할 때 붙이는 접두사이기 때문에 특히 그 느낌이 '개뻑다구'라고 했을 때 맞아떨어졌을 것이다.

너무 비약하지 않았나 하는 느낌이 있기는 하나, 단어의 어원 연구의 실마리를 제시한다는 정도로 이해를 구해 본다.

어느 분인가가 이러한 가설에 힘을 실어줄 좀 더 구체적인 근거를 찾아 주신다면 제시한 보람을 느끼겠다.

31. 게다

요즘도 연세 좀 드신 분들은 소위 '쓰레빠' 형태의 신발을 '게다'라고 한다.

'쓰레빠(슬리퍼: slipper)'는 뒤의 7장에서 언급하겠지만, 이 역시 일본어의 외래어 표기법에 따른 것을 우리가 그대로 받아들인 것이다. '게다'는 '일본식 나막신'을 말한다. 'げた[下駄: 게타]'라고 쓰고 읽는다.

32. 겐또

"야! 겐또 치지 마!"라든가, "순 겐또로만 한다."와 같이 사용되는 단어이다.

그 뜻을 보면 '어림짐작, 통박 굴림' 심지어는 '엉터리 부리지 마.'라는 뜻으로까지 비약되어 사용되고 있는데, 이 말의 어원도 일본어이다.

'けんとうをつける[見当をつける: 켄또오오쓰케루: 짐작하다, 예상하다, 어림잡다]'와 같은 형태로 사용한다.

'けんとう[見当: 켄또오: 방향, 부근, 어림, 예상, 예측, 짐작, 가늠]'

33. 고구마

'고구마'라는 단어조차도 일본어에서 왔다는 것은 의외였다.

저자가 처음 이 책을 쓰기 위한 리스트를 작성했을 때는 생각지도 못했던 단어이다. 저자도 글을 쓰는 과정에서 알게 되었는데, 재미있는 '에피소드'가 있다.

이 단어는 일제 강점기보다 훨씬 이전인 1763년에 일본의 대마도를 방문한 조선통신사 중의 한 분이었던 '조엄'이라는 분이 처음 고구마를 보고서 관심을 갖고 그 구근(球根)을 도입한 데서 비롯되었다고 한다.

도입 당시, 그 이름을 물으니 일본인들이 말하기를 "'감저'라고 하는데, '효자마(孝子麻)'라고도 하고 일본 발음으로 '고귀위마(高貴爲麻)'라고 발음한다."라고 했다는 것이다.

이것이 1824년도에 출간된 '유희'라는 분의 『물명고』에서는 '고금아'라고 불렸고 이것이 지금의 '고구마'로 변하였다.

지금도 대마도에서는 '고구마'를 '고오코이모'라는 말로 부른다고 하는데, 이는 '孝行芋[こうこういも: 코오코오이모]'라고 쓰며 '효행 감자'라는 뜻이라고 한다.

그러나, 표준 일본어로 '고구마'는 'さつまいも[薩摩芋: 사쓰마이모]'이다.

34. 고데

미장원에서 사용하는 용어들도 일본에서 온 것이 제법 많다. '고데'도 그중의 하나다.

'ごて[鏝: 고떼: 인두]'

'でんきごて[電気鏝: 뎅끼고떼: 전기인두]'

그 밖에 미장원에서 쓰는 일본어로는 '파마, 소도마끼, 우찌마끼' 등이 있다.

'파마: パーマ[パーマネント ウエーブ: 파마넨토 웨-부: permanent wave: 꼬불꼬불 말은 머리 모양]'

'소도마끼: そとまき[外巻き: 소토마키: 머리끝을 바깥으로 맒, 그런 머리 모양]'

'우찌마끼: うちまき[内巻き: 우찌마키: 머리끝을 안으로 맒, 그런 머리 모양]'

또한, '고데'라는 단어가 '타일 작업'이나, '시멘트 바르는 일'을 하는 '미장 작업 현장'에서도 똑같이 사용되고 있다. 시멘트 바르는 '흙손'도 '고데'라고 부른다.

우연의 일치일까? 두 직업 분야 모두 '미장'이라는 단어가 들어가는 것은?

여기서 '미장원'은 한자로 '美粧院'이라고 쓰지만, 시멘트 바르는 '미장이'는 한자어가 아닌 순우리말이다.

35. 고도리

화투에서 많이 사용하는 용어 중에 '고도리, 쿠사, 사쿠라, 아까단' 등의 말이 있다.

여기서 대표적으로 많이 알려진 '고도리'를 보면 언뜻 들어도 일본어라고 느껴진다.

'고도리'를 이루는 화투패를 보면 '2월 매화, 4월 흑싸리, 8월 공산'의 10점 패에 새가 총 5마리가 있음을 알 수 있다.

이렇듯 '고도리'는 일본어로 '5마리 새'라는 뜻이 된다.

'ごとり[五鳥: 고도리]'라고 쓰고 읽는다.

그 밖에 '쿠사'는 '草(초)'를 일본어로 'くさ[쿠사]'라고 읽으므로 초단(草短)을 의미하고, '사쿠라'는 3월 패에 보이는 벚꽃의 일본어인 'さくら[桜: 사쿠라]'를 말하는 것이다.

'아까단'은 'あかたん[紅短: 아까땅: 화투의 패에서 붉은 띠가 있는 솔, 매화, 벚꽃]'의 5점짜리 석 장이 짝을 이룸을 뜻한다. 즉, 우리말로는 '홍단'이다.

"땡잡았다!"라고 할 때의 '땡'도 '땅→땡'으로 '이모음역행동화'한 것으로 볼 때, '장땡, 광땡' 등에서의 '땡'이라는 단어로 이어졌을 가능성이 높다.

36. 고로케 빵

우리가 즐겨 먹는 빵의 이름도 일본어에서 온 것들이 많다. '고로케 빵'을 비롯하여 뒤에서 설명할 '소보로 빵, 앙꼬 빵, 슈크림' 등이 그것이다.

'고로케'는 프랑스어인 'croquette(크로켓)'에서 온 것인데, '으깬 감자와 볶은 고기를 섞어 기름에 튀겨 만든 요리'로 일본인들이 이를 도입하는 과정에서 일본식 외래어 표기법에 따라 'コロッケ[코롯케]'라고 쓴 것을 우리가 구전으로 받아들여 사용하다 보니 '코롯케→고로케'가 된 것이다.

37. 고바이, 고바위, 고바우

저자가 어릴 때, 저자의 할아버지께서 지금의 내 나이셨을 무렵쯤으로 생각된다.

그 당시 우리 집에서는 『동아일보』를 구독하고 있었는데, 거기에는 〈고바우 영감〉이라는 네 컷짜리 시사만화가 연재되고 있었다. 그림이 재미있고 표현이 재미있어서 글은 몰라도 흥미롭게 보곤 하였던 기억이 난다. 그래서 할아버지께 그림에 나오는 사람이 누구냐고 물으니 '고바우'라고 하셔서, "무슨 이름이 그러냐?", "무슨 뜻이냐?"라고 여쭤보았던 기억이 난다. 할아버지께서는 그냥 빙그레 웃으시면서 성이 고 씨이고 이름은 '바위'라는 뜻의 '바우'라고 설명해 주셨던 기억이 난다.

저자가 성인이 된 후 어느 신문에선가 '고바우의 유래'에 대해서 설명한 것을 보았는데, 그 당시의 서민들의 고달픈 삶을 대변할 수 있을 것 같은 이름으로 그렇게 지었다고 하는 저자 '김성환 화백'의 답변을 읽었던 기억이 난다.

하지만 나는 혹시 일본어와는 관련이 없을까 하고 생각했던 기억이 난다.

왜냐하면, '고바위' 또는 '고바이', '고바우'라고 하면, '언덕'이라는 뜻으로 사용하는 일본어가 연상되기 때문이다.

가파른 언덕을 힘겹게 오르는 서민의 삶을 연상하면서 혹시나 언덕을 뜻하는 '고바이'라는 일본 단어에서 힌트를 얻은 것은 아니었을까 하고 추측해 본다.

어디까지나 추측이니 오해는 없기 바란다.

한자로는 '勾配[こうばい: 코오바이]'라고 쓰고 우리말로는 '구배'라고 읽으며 그 뜻은 '경사의 정도, 물매, 경사, 비탈, 사면'이라는 뜻이다.

원래의 뜻은 '물매, 경사'라는 뜻이 맞는데, 우리말에 사용되면서 "고바이가 심하다." 정도로 사용되면서 연상적으로 언덕이라는 뜻으로 변화되어 사용되기도 한다.

하지만, 건축 쪽에서는 오히려 '구배'라는 우리말로 표현하면 '물매'라는 뜻이 된다.

이 역시 일본식 한자로부터 우리말화한 단어로 보인다.

38. 고부고부

우리가 일상생활에서 "그게 그거다."라고 할 때 또는 "오십보백보다."라고 할 때는 "고부 고부다."라고 쓴다.

이것도 일본어에서 유래하였다.

'ごぶ[五分: 고부: 5푼, 우열이 없음, 비슷함]'이라는 뜻에서 반복해서 'ごぶごぶ[五分五分: 고부고부]'라고 사용함으로써 '5 대 5'를 뜻하면서 한편으로는 그 의미를 강조한 것이다.

39. 고뿌

아직도 유리나 플라스틱으로 생긴 '컵'을 '고뿌'라고 하는 경우를 많이 본다. 특히, 연세를 좀 드신 분들은 더 많이 쓰시는 듯하다.

이 단어 역시 일본이 외래 문물을 받아들일 때 그들이 자신의 외래어 표기법에 따라 기록한 것을 우리가 그대로 사용했던 것이다.

이 단어는 네덜란드어인 'cop(콥)'을 'コップ[콥뿌]'라고 표기한 데서 비롯되었다.

'콥뿌→코뿌→고뿌'로 변하였다.

40. 곤로

우리가 너무나 자연스럽게 쓰는 이 단어도 사실은 일본어에서 유래하였다.

일본에서 조리용 난로를 'こんろ[焜炉: 콘로]'라고 쓰고 발음하는데, 여기에서 유래하여 '곤로'라고 하면 '음식용 난로'나 '난방용 난로'를 의미하게 되었다.

여기서 재미있는 사실은 '焜炉(곤로)'에서의 '곤' 자의 뜻이 '빛나다, 밝다.'라는 뜻이라는 것이다. 그러니, 원래의 '곤로'의 용도는 전기가 없던 시절에 '조명용'과 '난방용', '조리용'의 세 가지를 겸하여 쓰던 것이 아닌가 싶다.

41. 곤색

우리가 흔히 쓰는 색에 관한 단어도 일본어에서 온 것이 꽤 있다.

'곤색', '소라색' 등이 그것인데, '소라색'은 뒷장에서 다시 언급하기로 하고 여기서 '곤색'은 한자로 쓰면 '紺色(감색)'으로 '검은빛을 띠는 청색'을 말한다.

이것의 일본식 발음이 'こん[콘]'인 것이다. 흔히 일본에서는 'こんいろ[紺色: 콘이로]'라고 쓰고 읽으며 사용한다.

42. 곤조, 곤죠

"저 사람은 곤조가 있어."라든가 "곤조 없는 사람 있냐?" 또는 "곤조가 더러워~"라고 많이 사용하는데, 우리말 뜻으로는 조금 부정적인 표현이 내포되어 있다고 볼 수 있다. 즉, '안 좋은 성격'이라는 의미가 숨겨져 있다.

그런데, 이 단어 또한 일본어에서 온 것이다.

'根性(근성)'이라고 한자로 쓰고 일본어 발음으로 'こんじょう[根性: 콘죠오]'라고 읽고 쓴다. 일본어에서는 '마음의 본바탕, 마음씨' 등의 긍정적인 표현인 듯하다.

43. 공구리

공사 현장에서 무심코 많이 쓰는 '공구리 작업'이란 말도 원래는 '콘크리트 작업(concrete operation)'이 원래의 영어 발음이지만, 이미 그 이전에 일본어인 'コンクリ[콩쿠리]'라는 일본식 발음에서 유래하여 '공구리'로 변하였다.

'콩쿠리토→콩쿠리→공구리'

44. 꼬붕

어릴 때부터 많이 사용하던 단어이다.

"너, 내 꼬붕 할래?"와 같이 쓰던 단어였는데, 요즘도 가끔 들을 수 있는 단어로 일본어에서 유래한 단어이다.

일본어 사전을 찾아보면 'こぶん[子分: 코붕: 부하, 수양아들]' 등의 뜻이 있다.

재미있는 사실로는 일본 스모선수들 사이에서 이 단어를 사용했다고 하는데, 스모선수들은 너무 비대해서, 큰 용변을 본 후에 스스로 뒤처리를 하지 못하므로 그 뒤처리를 담당하는 사람을 따로 두었고, 그 사람을 '꼬붕'이라고 불렀다고 한다. 참 희한한 직책도 다 있다 싶다.

45. 구두

우리가 매일 신고 다니는 구두조차도 일본어에서 왔다.

'くつ[靴: 쿠쓰: 신, 신발, 구두]'

'운동화[運動靴: うんどうぐつ: 운도오구쓰]'도 한자는 같아서 일본어에서 온 용어임을 알 수 있다. '쿠쓰→구두'

46. 구라

저자의 중·고등학교 시절인 1960~70년대에 학생들 사이에서 은어로 많이 유행되며 사용되었던 단어다.

대화 도중에 "구라 치지 마~!"라고 사용하였던 기억으로 봐서는 "거짓말하지 마~" 또는 "뻥치지 마~"라는 뜻으로 주로 사용했던 말이다.

그때, 선생님이나 집안 어른들로부터 "그런 말은 일본어에서 온 것이니, 알고나 쓰라!"라거나, "쓰지 마라!"라고 꾸중을 듣곤 했던 적이 종종 있었다.

특히, 저자의 할아버지께서는 1896년생으로 청·장년기에 일제시대를 지내셨던 분으로 일본화되어가던 당시에 사회생활을 하시면서 자연스럽게 일본어를 접하게 되셨던 분이었으므로 그 말씀에 신빙성이 있다고 생각된다.

저자가 나름대로 조사해본 바로는 'くら' 또는 'ぐら'라고 쓰고 '구라'로 발음되는 일본어의 표현을 보면 대부분이 '거짓말, 과장, 겉치레, 속임수'라는 뜻을 내포하고 있는 것으로 보아서 대단히 신빙성이 있는 주장이라고 본다.

'くらい[暗い: 쿠라이: 어둡다, 밝지 않다, 희망이 없다]'

'くらます[暗ます・晦ます: 쿠라마스: 모습을 감추다, 속이다]'

'グラシ[(프랑스) glacis: 구라시: 유화에서, 광택을 내기 위한 덧칠 기법]'

'クラサイ[쿠라사이: 무게 중심을 조작한 주사위라는 뜻의 일본 은어]'[1]

'사이코로'는 일본어로 '주사위'를 말하며, '구라'는 무게 중심이 잘 맞지 않아서 '흔들흔들한다.'라는 뜻의 '구라구라'에서 왔다고 보는 견해도 있다.[2]

'ぐらぐら[구라구라: 크게 흔들려 움직이는 모양: 흔들흔들, 근들근들], [부서지거나 느슨해져서 흔들거리는 모양: 흔들흔들], [물이 몹시 끓어오르는 모양: 버글버글, 부글부글]'

47. 구락부

지금도 '구락부(俱樂部)'라는 단어는 신문 등의 매체에서 자주 쓰고 있다.

이 말은 영어의 'club[클럽: 동호회]'을 일본어 외래어 표기법에 따라 가타카나로 'クラブ[쿠라부]'라고 쓰게 되고, 일본 발음과 뜻이 '클럽'에 가까운 한자를 골라서 구성한 것이 '俱樂部'라는 일본식

---

1) 출처: https://namu.wiki 인용.
2) 출처: https://namu.wiki 인용.

한자인데, 우리가 이 한자를 우리 발음으로 그대로 읽게 되면서 '구락부'로 정착된 것이다.

48. 구루마

바퀴가 달린 수레 같은 것의 통칭으로 많이 사용되는 단어이다.

저자가 어릴 때는 '유아용 유모차'나, '목마형의 탈 것' 등도 모두 '구루마'라고 했다.

지금도 리어카나 작은 수레 같은 것을 종종 '구루마'라고 부르는 것을 볼 수 있다.

그런데, 저자가 젊은 시절에 일본 회사와 업무적으로 교류한 적이 있었는데, 일본에서는 '자동차'도 '구루마'라고 부른다는 것을 알고 내심 놀랐던 기억이 있다.

일본에서는 '구루마'의 의미가 우리보다는 폭넓은 것 같다.

'くるま[車: 쿠루마: 수레차, 마차, 전차, 자동차, 인력거 등의 총칭, 바퀴 모양]'

참고로 'くるくる[쿠루쿠루]'라고 하면 '뱅뱅, 뱅글뱅글'이라는 뜻이 된다.

일본에서의 '구루마'의 어원도 바로 이 'くる[쿠루]'와 'うま[馬: 우마: 말]'가 합해져서 '쿠루우마→구루마'와 같이 된 것으로 보인다.

49. 구리 구리 구리

어린이들이 둘이서 한 조가 되어 노래를 부르며 손동작을 하며 노는 놀이 중에 '쎗세쎄(7장에서 설명 예정)'가 있는데 제일 뒤의 후렴으로 "구리 구리 구리~" 하면서 두 손을 빙글빙글 돌리는 모습을 보았을 것이다.

이것 또한 일본어에서 왔다는 것을 안다면 조금 놀라는 분도 계실 것이다.

'くりくり[쿠리쿠리: 잘 도는 모양, 똥글똥글]'

50. 구리쓰

우리가 윤활제로 기계의 베어링에 바르는 크림 모양의 기름을 흔히 '구리쓰'라고 하는데, 이 역시 영어를 일본어로 표기하는 가운데 가타카나로 표현한 것을 우리가 그대로 받아들인 것이라고 할 수 있다.

영어로 'grease(그리스)'라고 쓴 것을 'グリース[구리이스]'라고 쓰고 발음하였다.

그것이 구전되어 사용되면서 '구리이스→구리스→구리쓰'로 변하였다.

51. 구비끼리

"회사나 관직에서 해고됐다."라고 할 때 속된 표현으로 "구비끼리 당했다."라는 말을 쓴다. 이 말 역시 일본어에서 온 것으로 'くびきり[首切り: 쿠비키리]'라고 쓰고 읽으며 '참수, 참수하는 사람, 망나니'라는 뜻이었으나 속어로 '면직, 면관, 해고'라는 뜻으로 사용되고 있다.

52. 구사리, 쿠사리 먹다

요즈음도 종종 사용되는 용어로 "꾸중을 들었다."라는 말을 이렇게 표현한다.

이 말 역시 일본어의 'ぐさり[구사리]'에서 온 것으로 그 뜻은 '힘차게 찌르는 모양', '심한 비판을 받아 심리적 타격을 받은 모양'에서 온 것이다.

다른 한편으로 작업 현장에서 사용되는 경우도 보았는데, '쇠사슬' 또는 '체인'을 '구사리'라고 한다. 그러나, 이것은 일본어로 'くさり[鎖·鏈: 쿠사리]'라고 쓰고 정확한 일본 발음으로는 약간의 차이가 있다.

즉, 'く' 자에 '니고리[濁り: 탁음 부호 °]'가 있고, 없고의 차이이다. 즉, '유성음이냐, 무성음이냐'의 차이로 일본 사람들은 우리보다 그 차이를 잘 구분하여 발음하고 잘 구분하여 듣는다.

53. 구찌, 구찌펀치, 구찌베니

'구찌'만큼 우리 생활에서 자주 쓰이는 단어도 없을 것 같다.

"저 사람은 '구찌펀치'가 세다."라고 하면 '저 사람은 말발이 세다.'라는 뜻이고, "구찌펀치 한 방 먹었다."라고 하면 '말로 한 방 먹었다.'라는 뜻이 된다.

하지만, "너도 한 구찌해라!"라고 하면 '너도 동참해라.'라는 뜻이 된다.

또한, '구찌베니'는 '입술연지'의 일본말로 1960~70년대에는 일반적으로 많이 썼지만, 지금은 '립스틱(lip stick)'이라는 말을 더 많이 쓰는 듯하다.

'くち[口: 쿠찌: 입]'

'くちパンチ[쿠찌판찌: 말발]'

'くちべに[口紅: 쿠찌베니: 립스틱]'

북한에서는 '구찌베니'의 일본식 한자인 '口紅'을 우리말로 그대로 읽어서 '구홍'이라고 한다고 한다. 북한은 우리와 해방 이후부터 단절된 사회가 되어서 그런지 우리보다도 일본어의 잔재가 더 많이 남아 있고 그 발음도 어떤 것은 더 정확히 남아 있다는 느낌을 받았다.

54. 군바리

이 단어 또한 일본어에서 왔을 가능성이 큰 단어로, '군대나 군인'을 비하하여 일컫는 속어이다. 그러나 여기에는 여러 가지 다른 설들이 존재한다.

군대를 상징하는 '군(軍)' 자 뒤에 '바리'라는 단어를 붙여서 만든 것이라는 점에서는 모두 같은데, 우리말 유래설로는 다음의 세

기지가 있다.

① 경상도 사투리 '데퉁바리(말과 행동이 거칠고 미련한 사람)' 유래설

: 군+데퉁바리→군바리

② 강아지 종류인 '발바리' 유래설

: 군+발바리→군바리

③ 제주도 사투리인 '바리(젊은 사람)'에서 왔다는 설이 그것들이다.

그러나 일본어에서 유래했을 가능성도 꽤 있어 보이는데 그것은 다음의 세 가지이다.

그 첫째는 'ばり[罵詈: 바리: 욕하고 꾸짖음]'에서 유래했을 가능성이다. 즉, 상하 명령 관계인 군대에서, 강하게 명령을 하달하는 상관을 비하해서 "어유~ 저놈의 軍바리."라고 표현했을 가능성이다. 그것이 확대 적용되어 군대 전체를 의미하게 되었을 가능성이 크다.

두 번째는 일본어의 접미사인 '~ばら[輩・原: 바라]'를 '군(軍)' 자 뒤에 붙여서 사용했을 가능성이다. 이 단어의 뜻이 '~들, 무리'이기 때문이다. 그것이 '군바라→군바리'로 변화하여 사용하게 되었을 가능성이다.

세 번째는 '군대'라는 단어에 '나와바리[なわばり: 縄張り]'라는 두 단어가 합친 뒤에 줄어들어서 '군바리'로 되지 않았나 하는 가능성이다.

마지막으로, 영어의 'burr(버어: 제품가공 후 제품에 붙어있는 거스러미)'를 'ばり[바리]'라고 쓴 데에서 '군 나부랭이'라는 비하의 뜻으로 사용되었다는 설도 있다.

결론적으로 말해서 우리의 군대 용어 중에는 아직도 일본 군대 문화에서 유래한 것들이 꽤 잔존한다는 것을 알 수 있다. 이런 관점에서 본다면, 저자는 일본 군대 용어로부터 유래했을 가능성이 꽤 크다고 본다.

55. 기도

극장이나 학원 입구에서 '입장권'이나 '회원증'을 확인하는 일을 하는 사람을 말한다.

'きど[木戸: 키도]'라고 쓰고 읽으며 '흥행장의 출입구, 일각대문'을 뜻한다. 하지만 'きどせん[木戸銭: 키도센]'이라는 단어가 있는데 이는 '입장료, 관람료'를 뜻한다. 따라서 바로 이 단어로부터 '키도센→키도→기도'와 같이 줄여서 사용되면서 '입구에 서서 지키는 사람'을 뜻하는 단어로 변하여 구전된 것으로 보인다.

56. 기리성

이 단어를 한자로 쓰면 '綺羅星(기라성)'인데 그 뜻은 '빛나는 별과 같은 존재', 즉 '뛰어난 사람'을 의미하며 요샛말로 하면 말 그대로 '스타(star)'이다.

그런데 이 단어를 잘 분석해 보면 일본어에서 유래하였다는 것을 금세 알 수 있다.

이것을 일본어로 읽으면 'きらぼし[키라보시]'인데, 이를 분석해 보면 '키라'와 '보시'의 두 단어가 합성된 것이다.

'키라'의 원뜻은 '곱고 아름다운 비단'이라는 뜻이지만, '키라키라'라고 반복해서 쓰면 '반짝반짝'이라는 뜻이 된다. 따라서 '키라'는 '반짝'을 의미하고 '보시'는 '호시[ほし]'가 그 원형으로 '별'을 뜻한다.

그러므로 '키라보시'는 우리말로 한다면 '반짝별'이라고 할 수 있다.

그러니 '별과 같이 반짝거리는 사람'을 의미하게 되었고, '뛰어난 사람'에 비유하게 된 것이다.

57. 기리

공구상에 가서 '전동 드릴'에 사용하는 '니들(niddle)'을 사려고 할 때, "드릴 니들 하나 주세요~" 하면 못 알아듣고 십중팔구는 "예?" 하고 되묻는다.

다시 "기리요~"라고 하면 금세 알아듣고 "몇 ㎜요?" 하고 되묻는다.

그래서 아예 이제는 "기리 5㎜짜리 하나 주세요~"라고 하는 것이 짧고 편하다.

여기서 '기리'는 'きり[錐: 키리]'라고 쓰고 '송곳'을 의미하는데, 우리말로는 정확하게 대체할 단어가 생각나지 않는다. '드릴 바늘'이라고 하기도 그렇고, 영어로 '니들'이라고 해도 그렇고 '송곳'이라고 하기도 그렇다.

'기리'라고 해야 정확한 의사전달이 되니, 도입 초기에 정확한 용어를 정해 주는 것이 얼마나 중요한가를 알게 하는 한 일면을 보는 듯하다.

58. 기리까이, 기리까에

예전에 자동차의 수동 변속기가 주류를 이루던 시절에 기어를 변속한다는 의미로 "기리까이한다."라는 말이 전문 운전자들 사이에서 사용되었으나, '오토매틱 기어'가 주류를 이루는 오늘날은 잘 쓰이고 있지 않은 듯하다.

그러나 일상생활에서 다른 쪽으로 사용되는 경우를 종종 본다. 즉, "저거를 이거로 '기리까이'해 버려!"라든가 "우리 서로 기리까이 하자!"와 같이 사용하는 경우이다.

앞의 표현은 '저 물건을 이 물건으로 대체하라.' 또는 '계획을 바꿔라.'라는 뜻이고, 뒤의 표현은 '서로 교환하자.'라는 뜻이다.

이 단어 또한 당연히 일본어에 기원을 두고 있는 단어이다.

'きりかえ[切り替え: 키리까에]'라고 쓰고 읽으며 '바꿔침, 달리함.'이라는 뜻이다.

59. 기리삐시, 기레빠시

작업장에서 나오는 쓰고 남은 자재들을 통틀어서 '기리빠시'라고 한다.

또는 선반 작업을 하면서 잘려져 나온 '철 쪼가리'도 그렇게 부른다.

이 말 역시 일본어의 'きれっぱし[切れっ端: 키렛빠시]'에서 온 것으로, 그 뜻은 '하찮은 것, 쓰레기'를 의미하는데 우리말에 구전되면서 '기리빠시'로 변하였다.

60. 기마이

"기마이 쓰다."

"기마이가 좋다."

"오늘은 내가 기마이 쓴다."

등의 형태로 비교적 자주 사용되는데, '한턱 쏜다.', '내가 쏜다.'라는 뜻이다.

일본어로 원래의 발음은 'きまえ[気前: 키마에]'로, '기질, 특히, 무엇이나 아끼지 않고 시원스럽게 잘 쓰는 기질'이라는 의미로, 일반 대중 사이에서 자주 사용하다 보니 편한 발음으로 변하면서 '기마이'로 바뀌었다.

61. 기모

특히 겨울철에 자주 사용하거나 듣는 단어이다.

우리말로는 예전엔 '융(絨)'이라고 했던 것 같은데, 세대가 바뀌면서 대부분의 신세대가 '융'보다는 '기모'라고 사용하는 듯하다.

저자의 청소년 시기부터 심지어는 중장년 초기였던 2000년대 초반까지도 '기모'라는 표현은 거의 못 들어 봤고, 분명히 '융(絨)'이라는 표현을 일반적으로 많이 사용하였다. 그런데, 인터넷 판매 등의 통신 판매가 활발해지면서 갑자기 많이 듣게 된 단어가 '기모'가 아닌가 싶다.

일본어 사전을 찾아보니, 'きもう[起毛: 키모오: 직물이나 편물의 보풀을 일으킴]'이라고 되어 있다. 즉, 이 단어 또한 우리말에서 흔히 발견되는 일본식 한자에서 유래된 말임을 알 수 있다.

언어라는 것은 시대 상황에 따라 변화하며 발전되어 나가는 것이라고 보는데, 이 단어 또한 시대 상황 변화에 따라 '융→기모'로 변모된 것으로 생각한다.

62. 기스

우리는 아끼던 물건에 흠집이 나거나 하면 자연스럽게 '기스'가 났다고 한다.

"새로 산 자동차에 '기스'가 났다."라고도 하고, 심지어는 "얼굴에 상처가 났다."라고 하는 것도 농담 삼아 "'기스'가 났다."라고 하기도 한다.

대부분의 사람들은 어쩌면 일본어에서 온 단어라는 것을 알면서도, 너무나 많이 자연스럽게 입에 붙은 단어라서 자기도 모르게 사용하는 느낌이다.

그러나 기스 또한 엄연히 일본어에서 유래한 단어이다.

'傷(상)'이라고 한자로 쓰고 읽을 때는 'きず[키즈]'라고 읽으며 그 뜻은 '상처, 흠, 결점, 티'를 의미한다.

63. 기지

친구가 좋은 옷을 입고 나타났을 때, "야~! 무슨 기지로 만든 옷인데 이렇게 광이 나냐?" 또는 "무슨 기지인데 이렇게 좋아?"와 같은 형태로 자주 쓰는 단어인데, 이것 역시 일본어에서 유래되었다. 'きじ[生地: 키지]'라고 쓰고 읽으며 그 뜻은 '본연 그대로의 성질, 본바탕, 옷감, 천'이다.

64. 끼리, 끼리끼리

이 단어도 일본어에서 왔다고 추정이 되는 단어로 일본어의 사용 예 중에서 '둘이서만'이라는 표현을 '二人きり[후타리끼리]'라고 한다. 그리고 'これきり[고레끼리]'라고 하면 '이것만, 이것뿐'이라는 뜻이 된다. 즉, 어떤 한정을 짓는 '부조사'이다. 그래서 혹시 이 말에서 유래하여 '후타리끼리→우타리끼리→우리끼리'로 앞 단어만을 발음이 비슷한 '우리'로 바꿔서 표현하지 않았나 싶고 그로부터 '끼리끼리'로 까지 발전하지 않았나 하고 추정해 본다.

혹시라도 다른 견해가 있다면 연구의 여지를 남겨 놓고자 한다.

65. 낑깡

우리는 흔히 '방울토마토'처럼 작은 귤을 지칭할 때 '낑깡'이라고 한다.

이 단어 역시 일본어에서 왔는데, '金柑(금감)'이라고 쓰고 'きんかん[킹깡]'이라고 읽는 데서 유래하였다.

재미있는 사실은 영어 단어에도 'kumquat(쿰쿠앗)'이라고 쓰는 '금감' 또는 '금귤'을 의미하는 단어가 있다는 사실이다. 원산지는 중국인데, 주로 '타원형'의 귤이 열리는 반면, 일본산은 '원형'의 귤이 열려서 각각 'oval kumquat(타원형 금귤)', 'round kumquat(원형 금귤)'이라고 표기한다. 우리나라에는 일본을 통하여 들어왔으므로 지금의 우리가 보는 '낑깡' 그대로인 작고 둥근 모습인 것이 당연하다.

2장
'ㄴ'으로 시작하는
단어들

1. 나가리

가장 이 단어를 많이 사용하는 곳은 화투의 '고스톱' 판일 것이다.

한 판의 게임을 진행했는데도 최소 3점을 낸 사람이 없을 때, "나가리!"라고 한다.

또한, 어떤 일을 계획하거나 실행 중에 하지 않기로 했다고 할 때, "이번 일, 나가리 됐어!"라고 하기도 한다.

말의 흐름상 '무산되었다.'라는 뜻이라고 할 수 있다.

이 말 역시 일본어에서 왔다는 것은 독자 여러분도 어느 정도 짐작했으리라고 생각한다.

이 말은 일본어 'ながれる[流れる: 나가레루]'라는 동사에서 온 것으로 '흐르다, 흘러내리다, 흘러가다.'의 뜻인데, 이것의 명사형이 'ながれ[나가레]'이다.

이것이 구전되다 보니 발음 편의상 변하여, '나가리'가 되었다.

2. 나가시

목욕탕에서 일하는 직업 중의 하나인 '세신사(洗身士)'를 일컫는 일본어 표현이다.

'ながし[流し: 나가시]'라고 쓰고 읽으며 원뜻은 '흘림, 식기 닦는 곳, 몸 씻는 곳'을 의미하는데 이것이 조금 와전되어서 '세신사'를 의미하게 되었다.

3. 나까마

중개인을 의미하는 단어로 일본어로부터 온 거래상의 용어라고 할 수 있다.

한자로 쓰면 '仲間[なかま: 나까마]'라고 쓰며 원래의 뜻은 '한패, 동아리, 동료'라는 뜻이나, 어떤 연유에서인지 구전되는 과정에서 '중개인'이라는 뜻의 용어로 변하였다.

4. 나까오레 신사

1950~60년대에 멋쟁이 신사를 일컬을 때 많이 사용되던 말 중에서 '나까오레 신사'라는 말이 있었다. 지금도 70~80대 나이의 분들이 옛 얘기를 하다 보면 대화 중에 가끔 등장하는 단어이다.

이 단어는 벌써 풍기는 느낌부터가 일본 냄새가 난다.

이 말의 한자를 우리나라 말로 그대로 읽으면 '중절모(中折帽) 신사'로 일본 발음이 '中折れ 帽子 紳士[なかおれぼうししんし: 나까오레 보오시신시]'인데, 여기에서 유래하여 줄어들어서 '나까오레 신사'라는 단어가 되었다.

5. 나나이치, 나나인치

요즘도 가끔 길을 다니다 보면, '시다 구함', '나나이치', '큐큐'라고 쓰고서 구인 또는 구직 광고를 하는 것을 볼 수 있다. 특히, 봉제 공장이 많은 곳을 지나다 보면 심심치 않게 발견하게 된다.

봉제 업계에서 일하시는 분들은 익숙한 단어겠으나, 일반인들에게는 상당히 생소하다.

그 의미를 하나씩 알아보는 것도 재미있을 것이라고 본다.

'시다'는 업무 보조 정도의 일을 하는 사람이라는 것은 잘 아는 사실일 것이다.

일본어에서 '下[した: 시타]'는 '아래, 밑, 하부, 밑부분'이라는 뜻으로 여기에서 유래하여 '아랫사람 또는 보조하는 사람'의 뜻으로 쓰인다.

그러나 '나나이치'나, '큐큐'는 그 뜻의 유래를 쉽게 이해할 수 없었다. 그러나 좀 더 조사해 보니 '재봉용 기계의 모델'을 나타내는 숫자였다.

'나나이치'는 71, '큐큐'는 99를 의미하는 일본어였다.

'七[なな: 나나], 一[いち: 이치], 九[きゅう: 큐우]'

그 의미는 '싱어(Singer)'라는 재봉틀 회사에서 만든 '옷의 단추 구멍'을 내는 기계의 '모델 번호'인 것이다.

즉, 71번 모델은 옷에다 '단순한 일자 형태로 구멍'을 내고 주변을 재봉으로 마무리하는 기계이고, 99번 모델은 '일자 형태의 한쪽 끝에 둥근 구멍'이 생기도록 재봉하는 기계이다.

이것이 전문가들 사이에서 구전되어 사용되다 보니 몇 세대 뒤인 지금에는 마치 '단추 구멍' 또는 '단추'라는 뜻으로까지 변형되어 사용되는 경우도 있었다.

그 외에도 봉제 분야에는 지금도 정말 너무나도 많은 일본어가 마치 그 분야의 전문 기술 용어인 것처럼 사용되고 있었다.

6. 나라비, 나래비

버스를 기다리거나, 전철을 기다릴 때 줄을 서서 질서 있게 타는 모습을 볼 수 있다. 또는 인기 있는 물건을 사려고 미리 줄을 서서 대기할 때도 긴 줄이 형성되는 것을 볼 수 있다.

이럴 때, 우리는 "완전 나라비다.", "나라비 섰다."와 같은 표현을 쓰는데, 이는 '장사진(長蛇陣)이다.', '줄이 길다.' 정도의 의미로 사용된다고 볼 수 있다.

이 말 또한 일본어의 '並び[ならび: 나라비]'에서 유래한 단어이다.

그 원형 동사는 '並ぶ[ならぶ: 나라부]'이고, 그 뜻은 '한 줄로 서다. 늘어서다.'이다.

7. 나라시

"택시 나라시 뛴다."라든가 "엔진 나라시 한다." 등과 같이 사용하는 단어이다.

택시가 일정한 중·장거리의 두 장소를 특정하여 주로 운행하는 경우 이렇게 "나라시 뛴다."라고 하는데, 같은 코스를 자주 뛰다 보니 익숙해졌다는 의미로 '나라시'라는 단어를 사용하게 된 듯하다. 따라서 그만큼 운행 시간도 줄일 수 있었을 것이다.

또한, '엔진 나라시'는 차를 처음 출고하거나, 보링(boring)한 후에 엔진이 무리 없이 돌아가도록 길들이기 위하여 엔진을 장시간 공회전시킨다던가, 부드럽게 운전하는 것을 일컫는 말이다. 여기서 '나라시'는 'ならし[慣らし, 均し: 길들임, 익숙함, 고르게 하기]'라는 뜻을 깆는 일본어이다.

8. 나시(소데나시)

우리가 일상생활에서 자주 사용하는 옷에 관련된 용어에도 일본어에서 유래한 것이 많다. 그중에서도 '나시'나 '소데나시' 같이 무심코 모든 세대에서 전반적으로 쓰는 말도 드물 것이다. 심지어 저자는 초등학교 전후 나이의 여자 어린이가 '나시'라는 말을 옷 고르는 대화 중에 자연스럽게 쓰는 것을 보았을 정도이다.

여기서 '나시'는 '소데나시'라는 일본어를 우리가 사용 편의상 그렇게 줄여서 사용하는 것이라고 볼 수 있다.

'소데나시'는 일본어로 'そでなし[袖無し]'라고 쓰고 '소매 없는 옷'을 의미하는데, 이 말이 그대로 구전되어 '소데나시→나시'로 사용하게 되었다.

9. 난닝구

요즘은 자주 쓰지 않지만, 저자가 어릴 때만 해도 '빤쓰'와 함께 아주 많이 사용되었고 지금도 50대 이상의 분들은 그대로 쓰고 있는 단어이다.

그런데, 최근에 '난닝구'라는 상호를 내걸고 의류 사업을 하는 업체가 생긴 것은 의외이다. 이 말의 어원을 보면 '런닝 셔츠(running shirts)'를 일본이 도입하면서 'ランニングシャツ[란닝구샤쓰]'라고 썼는데 이것이 우리나라에 그대로 구전되었고, 자주 사용하다 보니 '란닝구→난닝구'로 변하였다.

말이라는 것도 자주 사용하다 보면 마모되어서 변화되고 줄어
드는 것 같다.

이대로 간다면 미래의 어느 날인가는 '안닝구→아닝구→닝구→
잉구'까지 변화하지 않을까 싶다. 벌써 '닝구 샤쓰' 또는 '닝구'라고
쓰는 경우를 보았으니 말이다.

10. 난다 긴다

"아무리 '난다 긴다'하는 사람도 어쩔 수가 없다."라는 형태로
우리가 많이 사용하는 단어이다.

그 뜻은 '아무리 잘나가는 사람도', '아무리 한자리하는 사람도',
'내로라하는 사람이라도'라는 뜻으로 사용되는 속어이다.

저자는 개인적으로 이 말이 '난다 뛴다'나 '뛴다 난다'가 되어야
지 말이 되지 않나 하는 생각이 들어서 이 말의 기원에 관심을
갖게 되었다. '난다 긴다'는 어쩐지 다소 어색한 부분이 있었기 때
문이다.

그래서 나름 조사해 보니, 이 또한 일본말에서 유래했음을 의
심치 않을 수 없었다.

일본어에는 '난다간다'라는 표현이 있다.

'なんだかんだ[何だ彼んだ]'라고 쓰고 그 뜻은 '이것저것, 여러 가
지, 어쩌니저쩌니, 이러니저러니, 이래저래'이다.

일본 사람이 "난다간다 잇데모 시카타가 아리마셍[何だ彼んだ 言っ

ても 仕方が ありません: 이러니저러니 해도 어쩔 도리가 없네]."라고 말하는 것을 옆에서 들은 한국인이 정황은 짐작이 되나 정확한 뜻은 모르므로 들리는 대로 우리말에서 발음이 비슷한 '난다 긴다'로 대체하여 부사격으로 사용하면서 마치 우리말인 양 사용하게 된 것이 아닌가 싶다.

11. 남방샤쓰, 난방샤쓰

이 단어의 어원은 예전부터 궁금했다.

'남방(南方)'이라는 단어가 들어가고 '샤쓰'는 '반소매 샤쓰' 정도로 생각하니 더운 '남쪽 나라'에서 입는 '샤쓰'라서 그런가 보다 하고 그대로 쓰긴 했으나 뭔가 석연치 않은 구석이 있었다.

그러던 차에 일본어에 'なんばん[南蛮]'이라는 단어가 심심치 않게 등장한다는 것을 알게 되었다.

그 사용 예를 보면 다음과 같다.

'なんばん[南蛮: 남방: 남쪽 야만인]'
'なんばんに[南蛮煮: 남방니: 야채, 생선, 새고기를 기름에 튀긴 음식]'
'なんばんきび[南蛮黍: 남방기비: 옥수수]'
'てんなんばん[天南蛮: 덴남방: 고기와 파를 넣어 끓인 국수]'
'なんばんじん[南蛮人: 남방징: 에도 시대에 포르투갈, 스페인 사람을 일컬음]'
'なんばんじ[南蛮寺: 남방지: 무로마찌 말기부터 에도시대 때의 기독교 교회]'

'なんばんせん[南蛮船: 남방센: 남쪽에서 온 서양인이 탄 외국선]'

이외에도 정말 많다.

그런데, 여기서 'なんばん[南蛮: 남방]'이라는 뜻은 원래 중국에서 '동남아시아'를 일컫는 말이어서 일본에서도 그렇게 사용하였으나, 서양의 대항해시대가 시작되고 나서 서양인들이 동남아시아를 식민지로 삼게 되자, 이들이 자주 북상하여 일본인들과 교류하게 되었는데, 일본 사람들 입장에서는 'なんばん[南蛮: 남방]' 방향으로부터 나타난 서양인들을 'なんばん[南蛮: 남방]' 사람이라고 생각하게 된 것이다.

그래서 서양 사람들이 가지고 온 모든 문물은 일본 고유의 것과 구분하기 위하여 'なんばん[南蛮: 남방]'이라는 수식어를 사용하게 되었다.

따라서 '서양 사람이 입은 샤쓰'도 자연스럽게 '남방샤쓰'가 될 수밖에 없었다.

일본 문물이 들어오면서 우리에게도 이 단어가 그대로 구전되어 사용되고 있었던 것이다.

12. 남비, 냄비

이 단어도 일본어에서 왔다는 것을 알면 누구나 의외라고 생각할 것이다.

일본어로 '남비'를 '나베'라고 하는데 여기에서 유래하여 우리가 일상생활에서 사용하는 '금속제의 국 끓이는 그릇'을 전통의 '뚝배기 그릇'과 구분하여 '양은 남비'라고 부르면서 더 '남비'라는 단어를 쓰게 되었다. '나베'는 일본어로 'なべ[鍋]'라고 쓰며 말 그대로 '남비, 남비 요리'를 뜻한다.

변화 과정을 보면 '나베→난베→남비→냄비'로 변하였을 것으로 추정된다.

13. 네다바이

남의 돈이나 물건을 교묘하게 속여서 빼돌리는 행위를 보고 우리는 '네다바이'라고 한다. 요즘 많이 일어나는 '보이스 피싱'도 '네다바이'의 일종이라 하겠다.

발음에서 쉽게 알 수 있듯이 이 단어 또한 일본어에서 온 것이다.

'ねたばい[네타바이: 지능적으로 사람을 속여 금품을 빼앗는 것]'

14. 네지, 네지마시

나사못을 종종 '네지'라고 하고 나사못을 돌리는 공구를 '네지마시' 또는 '도라이바'라고 한다. 지금은 각각 '나사못', '스크루 드라이버'라고 하지만 아직도 연세를 좀 드신 분들이나 작업 현장에서는 이 단어를 쓰는 듯하다.

이 또한 모두 일본어에서 유래하였다. '나사못'을 일본어로 'ねじ[捻子: 네지]'라고 하는데, '네지'는 여기에서 왔고 '네지마시'는 일본어의 '쳐じまわし[쳐じ回し: 네지마와시]'에서 왔으며 '나사돌리개'라는 뜻이다.

'도라이바'도 영어의 'screwdriver(스크루드라이버)'를 가타카나로 'スクリュードライバー[스크류-도라이바-]'라고 썼는데, 너무 길다 보니 뒷부분의 '도라이바'만을 편한 대로 쓰면서 지금까지 구전되었다.

그러나 '당구'에서 사용하는 '네지마시'는 '니쥬마와시'의 잘못된 표기로 일본어로는 '二重回し[にじゅうまわし]'라고 쓰고 읽는다. 3장에 나오는 '뒷담화' 항에서 다시 다루기로 한다.

15. 노가다

"노가다 뛴다.", "완전 노가다 일이다.", "이것저것 안 되면 노가다라도 나가야지!" 등에서 사용되는 '노가다'는 '힘든 노동일', '막일', '공사 현장 일' 등의 뜻으로 우리 일상생활에서 많이 사용하는 단어이다.

그러나 이 단어도 알고 보면 일본어에서 온 것이다.

일본어 'どかた[土方: 도카타: 공사판의 막벌이꾼]'으로부터 유래하였다.

6장에서 나올 '벤또'라는 일본어에서 유래된 '도시락'과 붙여 사용하여 'どかたべんとう[土方弁当: 도카타벤또오: 왕도시락, 아주 큰 도시락 그릇 또는 밥]'이라는 뜻의 합성어도 있다. 우리말로 한다면 '고봉밥' 정도의 표현일 것이다.

16. 노깡

하수관 공사장 같은 곳에서 많이 사용되는 용어로, 우리말로
한다면 '토관(土管)'이라고 해야 맞지만, 토관의 일본어 발음인 '도
깡'의 변형된 발음으로 '노깡'이 발음하기에 편해서 그런지 대부분
'노깡'이라고 부르고 있다.

일본어로는 'どかん[土管: 도깡]'이라고 쓰고 읽는데, '도깡→노깡'
으로 변하였다.

17. 노기스

공작 기계를 다루는 현장에서 자주 사용되는 측정 기기의 명칭
이다.

물체의 두께를 정밀하게 재거나 구멍의 지름 따위를 정밀하게
재는 '금속제의 자'를 뜻하는 단어로 독일어의 'Nonius[노니우스]'
를 일본 사람이 받아들이는 과정에서 '노기스[ノギス]'로 표기하였
고 우리가 그대로 따라서 '노기스'로 사용하게 되었다.

이 자는 주척(主尺)과 부척(副尺)으로 구성되어 1/20~1/50㎜의 정
밀도로 길이를 잴 수 있다.

이를 고안한 사람은 포르투칼인 '페드로 누네스(Pedro Nunes)'이
고 최초로 만든 사람은 프랑스인인 '피에르 베르니에(Pierre Verni-
er)'였다.

여기에서 유래하여 영어로 '버니어 캘리퍼스(Vernier calipers)'가
되었다.

현대적인 제품은 미국의 '조셉 브라운(Joseph R. Brown)'이 고안하였다.

서양의 예를 보아도 단어라는 것은 단순한 기원에서 출발하여 현재의 단어로 된 것을 많이 볼 수 있다. '노기스' 또한 그러한 단순한 기원을 갖고 있다.

18. 니꾸사꾸

요즘은 잘 쓰고 있지 않을지도 모르는 단어나, 저자가 초등학교에 다닐 무렵에는 많이 사용하던 단어였다.

아마 지금도 50~60대 이상의 분들은 이 말을 가끔 사용할 것이다.

저자도 처음 이 단어를 들었을 때, '참 이상한 발음도 다 있다.' 하면서 재미있게 생각했던 기억이 있는데, 이 단어 역시 영어나 유럽어가 일본말에 사용되면서 외래어 표기법으로 쓰던 것을 우리가 그대로 받아들인 것이다.

영어로 'rucksack(등산용 배낭: 지금의 back pack)' 또는 독일어로 'Rücksack'을 일본어로 표기하는 과정에서 'リュックサック, ルックザック, リックサック(륙쿠삭쿠, 룩쿠자쿠, 릭쿠삭쿠)'의 3가지로 표기하였다.

이것을 우리가 그대로 받아들여 쓰다 보니 '리쿠사쿠→니쿠사쿠→니꾸사꾸'와 같이 변하여 사용하게 되었다.

19. 니마이

영화나 방송계에서 많이 사용하는 용어이다.

동시에 '산마이'라는 용어도 같이 사용된다.

'니마이'의 뜻은 '젊은 미남 배우'를 말하며, '산마이'는 '삼마이', '싼마이'라고도 하며 '조연 배우, 삼류 배우'를 의미한다. 또는 '희극 배우'를 뜻하기도 한다.

이 말의 유래는 일본의 '가부키(歌舞伎)'에서 사용되던 용어가 대중 속에서 속어로 사용되었고 이것이 우리나라에 전해지면서 그 의미가 조금 와전된 면이 있다.

그 원래의 뜻을 보면, '니마이'는 '니마이메'에서 온 것이다. 가부키에 출연하는 배우는 이름의 배치를 '관록'이나 '인기도', '맡은 역할'에 따라 '8등급으로 구분'하여 극장 간판 아래에 오른쪽에서 왼쪽으로 내거는데, 오른쪽에서부터 비중이 높은 배우 순이다. 따라서 '니마이메'는 오른쪽에서 '두 번째에 걸어 놓는 배우의 명판'을 말하는데, '젊고 인기 있는 미남 배우'의 명판이다.

'산마이' 또한 '산마이메'가 그 원래의 용어이고 '세 번째 명판'을 말하며 주로 '우스갯소리'를 하는 배우를 말하는 것이다.

참고로 그 전체 명판의 역할을 보면 그 뜻을 쉽게 이해할 수 있다.

이찌마이메(一枚目): 주역(主役).

니마이메(二枚目): 미남 배우(優男: やさおとこ: 야사오토꼬).

삼마이메(三枚目): 웃기는 역 담당.

욤마이메(四枚目): 중견의 나이든 배우(中堅役者).

고마이메(五枚目): 일반적인 적의 역할.

로꾸마이메(六枚目): 적이지만 착한 면이 있는 역할.

시치마이메(七枚目): 진짜 적의 역할(実悪, 全ての悪事の黒幕).

하치마이메(八枚目): 극단장(座長: 元締め).

20. 니빠

공구 중에 철삿줄을 자른다든지 전선을 자를 때 쓰는 공구를 '니빠'라고 한다.

이 또한 영어의 'nippers(니퍼스)'를 가타카나로 표기하는 과정에서 'ニッパー[닛빠-]'라고 쓴 것을 우리가 그대로 받아들여서 '니빠'라고 사용하게 된 것이다.

'닛빠→니빠'로 변하였다.

3장

'ㄷ'으로 시작하는
단어들

1. 다구리

"다구리로 싸움이 붙었다."라든가 "야~ 다구리로 한 판 뜨자~!" 라는 속어로 많이 사용되는 '다구리'. 과연 이 말은 무슨 뜻일까? 전자의 사용법을 보면 '두 패 사이에 큰 싸움이 시작되었다.'로 보이고, 후자는 '여럿이서 한 판 싸우자.' 정도로 보인다. 그런데 이 단어도 알고 보면 일본어에서 온 것이다.

일본어로 'たぐい[類い: 타구이]'에서 유래했으며 '무리, 같은 부류, 유(類)'라는 뜻이다. 그러니까 '다구리'는 '다구이'의 오기로 "'같은 부류'끼리 편을 갈라서 패싸움을 벌인다." 또는 "'무리 지어' 싸움을 벌인다."라는 뜻이 된다.

'다구이→다구리'로 변하였다.

2. 다꾸앙

요즘은 단무지라는 우리말로 바뀌었으나, 아직도 가끔 들을 수 있는 단어이다.

그러나 우리는 중국 음식을 먹을 때마다 반세기 이상 이 단어를 사용해 왔다.

이미, 일본어에서 왔다는 것을 잘 알지만, 재미 삼아 그 단어를 풀어보았다.

'たくあんづけ[沢庵漬け: 타꾸앙즈케]'가 그 원형이다. '漬ける'의 뜻은 '채소 등을 담그다, 절이다, 쌓아 두다.'이지만, '沢庵'이라는 단어가 들어가게 된 데에는 일본에서도 몇 가지 설이 있다.

그 첫째는 원래 'たくわえる[貯える: 타꾸와에루: 대비해 두다, 저장·저축·비축하다, 모으다]'라는 단어에서 파생되어 'たくわえ→たくわん[타꾸왕]→たくあん[타꾸앙]'으로 변천되었다는 설이 있다.

둘째는 에도(江戶) 시대(時代)의 승려 '沢庵和尙(타꾸앙 카쇼오)'라는 분이 처음으로 만들어서 드셨다는 설이다.

또한, 그의 묘지 비석 모양이 마치 '다꾸앙'을 만들 때 눌러놓는 돌과 닮았기 때문에 그 신빙성이 더 크다고 볼 수 있다.

셋째는 절에서 만들어 먹던 '百一漬け[ひゃくいちづけ: 햐꾸이치즈케]'라는 절임 음식이 민간에 전해지면서 변하여 지금의 '다꾸앙'이 되었다는 설이다.

아무튼, 그 만드는 방법은 반 정도 말린 무에 소금과 쌀겨를 섞은 후, 절임 통에 넣어서 일정 시간 담아 두었다가 먹는 것이다. 대표적인 '일본의 절임 음식'임에는 틀림없다.

3. 다대기

우리가 설렁탕이나 곰탕을 먹을 때 넣어서 먹는 양념의 일종인 '다대기'도 일본어에서 왔다면 놀라실 분들이 많으리라고 본다.

하지만 이 말도 일본어 '叩き[たたき: 타따키]'에서 유래하였다.

'타따키'는 살코기나 생선을 식칼로 잘게 다진 것을 의미하는데, 우리가 사용하는 '다대기'는 고춧가루와 파, 마늘 등을 다져서 만든 양념을 의미하는 단어로 살짝 변형되었다. '타따키→다다기

→'다대기'로 변하였다.

4. 다라

예전부터 '양다라', '고무다라', '플라스틱 다라'와 같이 물을 받아 놓거나, 김치나 깍두기를 담글 때 쓰는 함지박만 한 큰 용기를 말한다.

심지어는 방송에서도 무심코 사용하기도 하는 단어이기도 하다.

이 '다라' 역시, 일본어의 'たらい[盥: 타라이: 대야]'에서 온 것이다. '타라이→다라이→다라'로 변하였다.

5. 다루끼

주로 건축 현장에서 많이 쓰는 용어이다.

'たるき[垂木: 타루끼: 서까래]'라는 뜻이 원래의 의미이지만, '30×30×3,600㎜' 크기의 목재를 말한다.

아마도, 집을 지을 때, '서까래 용도'의 '구조용 목재'로 많이 사용되다 보니 생긴 명칭인 것 같다.

6. 다마

전구도 '전구 다마'라고 하고, 당구장도 '다마장'이라고 하고, 어린이들이 예전부터 자주 하던 놀이인 '구슬치기'도 예전에는 '다마치기'라고 하였다.

이와 같이 우리 생활과 밀접한 관계를 맺고 있는 '다마' 역시 그 모든 어원이 일본어에서 왔다는 것은 누구나 잘 알고 있으면서도 무심코 쓰는 것이다.

'玉(옥)'이라는 한자를 사용하며 읽기는 'たま[타마]'라고 한다.

실제 당구장에서 쓰는 많은 용어는 일본어에서 유래된 것이 정말 많다.

뒤에 이어서 나오는 '뒷담화' 항에서 그 용어는 다시 다루기로 한다.

7. 다마네기

'양파'라는 의미의 '다마네기'도 일본어에서 유래하였다.

일본에서 사용하는 한자로는 '玉葱(옥총)'이라고 쓰고 일본 발음으로 'たまねぎ[타마네기]'라고 읽는다.

현재 우리말이라고 고쳐 쓰는 '양파'의 '양(洋)'은 '바다'를 의미하지만, '바다 건너온 파' 또는 '서양에서 온 파'라는 의미가 있다.

8. 다시

여기에서 '다시'는 우리가 흔히 요리할 때, 국물을 우려낸다는 의미의 '다시'를 말한다. 특히, '멸치 다시 국물'이라고 사용할 때의 '다시'는 분명 일본에서의 'だし[出し: 다시]'의 용법과 똑같다.

일본어 사전을 찾아보면 'だし汁[다시지루]' 또는 煮出し汁[니다시지루]의 준말'이라고 되어 있고 그 뜻은 '다시마, 가다랑어포, 멸치 등을 끓여서 우린 국물'이라고 되어 있다.

'니다시지루→다시지루→다시'로 변하면서 구전되었다고 본다.

9. 다이다이

"다이다이로 뜨다.", "무조건 다이다이로 한다.", "우리 한번 다이다이로 붙어 볼까?" 등으로 사용되는 단어인데, 그 느낌으로 봐서 '1 대(對) 1로 싸운다.'라는 뜻이 함유되어 있다. 따라서 여기서 '다이'는 '對'의 일본 발음인 'たい'에서 온 것임을 쉽게 알 수 있다. '對對[たいだい: 다이다이]'로 '對'를 두 번 씀으로써 '1 대 1'의 의미를 강조하여 자주 사용되고 있다. 때로는 '개별적'이라는 의미로 사용되기도 한다.

10. 다짜고짜

저자가 직장 다니던 시절, 일본과의 거래가 많은 회사에서는 영어보다도 일어 공부에 열중하는 직원들이 많았다. 그래서 몇몇 회사에서는 점심시간이나 아침 이른 시간에 사내 일본어 교실을 열기도 하였다.

우리 회사에서도 점심시간에 일본어 강좌가 있었는데, 그때 선생님은 머리가 하얗게 되신, 60세 전후의 분이셨다. 젊어서 일본에 사셨던 경험이 있다고 하셨다. 어느 날은 최대한 일본어로만 대화하는 시간을 갖게 되었는데, 몇 분간의 일본어 대화가 끝난 후 평가하는 시간을 가졌다. 그런데 그때 하시는 말이 "여러분의 대화에 연결성이 부족하다."라고 하면서 "좀 전에 대화중에 '다찌마찌 툭!' 하고 관련성도 없는 말씀을 하신 분이 계셨었죠?"라고 하시면서 무심코 한국말과 일본말을 섞어서 하시는 것이었다.

그래서 그 말이 무슨 뜻이냐고 물으니 일본어의 '다짜고짜'라는 뜻이라고 하셨다.

우리말과 너무 비슷한 점이 흥미롭기도 하여 잠시 동안 우리말과 일본말의 비슷한 단어들을 거론하면서 서로 이런저런 얘기를 나누었던 기억이 난다.

그 후로 이 단어에 대한 어원이 궁금했는데, 마침 이 책을 쓰면서 한번 규명해 보고 싶어졌다.

여기저기 인터넷 검색을 해 보아도 '다짜고짜'에 대한 어원이나 그 유래를 정확히 설명하는 것을 발견할 수는 없었다.

단지, 추측성의 몇몇 설명이 있었고, 그중에서 나름 논리가 닿는 설명은 다음과 같다.

<다짜고짜>

"일의 경위나 내용에 대한 자세한 설명이 없이 덮어놓고 바로."

그 어원은 '닿자마자', '도달하자마자', '이르자마자', '당도하자마자' 아마도 이런 뜻에서 생겨난 말일 것입니다.

"닿자."를 두 번 반복하면 언어의 유희성을 반감하는 까닭에, 뒤의 소리는 비슷한 소리로 바꾸어 '고짜'라고 한 듯합니다.

첩어는 같은 소리나 비슷한 소리가 겹쳐진 말로, **뜻**을 강조하기도 하고 발음상의 즐거움을 주기도 합니다.

'누군가가 도착하자마자 곧바로, 묻지도 않고 곧, 사유를 묻지도 않고 바로'라는 말이 '다짜고짜'일 것입니다. 즉, '닿자→다짜' 이렇게 변한 말일 것입니다.

혹은, '닿자+고하자'의 변한 말일 수도 있습니다. 혼내 주려고 기다리고 있던 누군가가 '도착하여 고하자(보고하다, 말하다)', '자세히 전말을 듣지도 않고'라는 의미로 만들어진 말이라고 생각할 수도 있을 것입니다.

부사의 어원은 확실한 것도 있지만, 대개는 짐작이나 할 수 있을 뿐이랍니다.

표준어입니다. '다짜고짜', 쓰셔도 됩니다. 맛있게 곱씹어요.[3]

이와 같이 나와 있는데, 어디까지나 추측성 논리인 것은 배제할 수 없다.

또 하나를 소개하면, '국립어학원' 사이트에 어떤 분이 '다짜고짜'의 어원에 대하여 질문하신 것에 대한 답변을 들 수 있다.

---

3) 출처: 네이버 지식in.

안녕하십니까?

어원 자료 몇 가지를 살펴보았는데, '다짜고짜'의 어원 정보를 찾을 수가 없습니다. 자료들을 좀 더 찾아보고 나서 다시 답변하겠습니다.

다만, 방언 자료에서, 표준어 '다짜고짜'의 방언인 '다짜구짜, 다짜꾸, 다째고째, 닷자곳자, 대짜고짜' 등의 어형을 확인할 수 있었음을 알려 드립니다.[4]

여러 어원 자료들을 살펴보았는데 '다짜고짜'의 어원에 대한 정보는 찾지 못하였습니다. 궁금증을 시원스레 풀어 드리지 못해서 죄송합니다.

앞으로라도 관련된 정보를 알게 되거나 찾게 된다면 알려 드리겠습니다.[5]

이상과 같은 두 가지 견해밖에는 찾을 수가 없어서 저자는 옛날의 일본어 시간에 있었던 '에피소드'도 있고 하여 일본어와 관련성을 찾아본 결과 다음과 같은 뜻이 있었다.

'たちまち[忽ち: 타찌마찌: 홀연, 곧, 금세, 갑자기]'라고 되어 있고 우리말의 '다짜고짜'와 거의 유사한 의미로 사용되고 있다는 것을 알 수 있었다.

---

4) 출처: 국립어학원 답변.
5) 출처: 국립어학원 답변(2015. 1. 22.).

또한, 이 단어를 활용해서 쓸 때에 'たちまちのうちに[忽ちのうちに: 타찌마찌노우찌니: 깜짝할 사이에]'와 같이 사용하는데, 혹시 이 말에서 유래되고 다음의 과정과 같이 변화되어서 '다짜고짜'로 되지 않았나 추론해 본다.

즉, 음운상 '타찌마찌노'가 '다짜'로, '우찌니'가 '고짜'로 변할 수 있는 '언어 변천론적' 추론을 해 보았다.

'타찌마찌노우찌니→타짜노우찌니→다짜우찌→다짜고짜'

이견이 있을 수 있으나 하나의 '가설'로 제시해 본다.

어느 분인가가 좀 더 연구해 주신다면 그 이상의 기쁨이 없을 것이다.

11. 따블, 따따블

누구나 다 알 것이라고 생각하지만, 혹시 젊은 세대들은 의외로 모를지도 모르겠다는 생각에 '따블'도 써 본다. 그 의미는 '중복되다.' 또는 '두 배', '세 배'라는 의미의 속어이다.

영어의 'double(더블)'에서 왔으며 그것을 일본의 가타카나로 표기할 때 'ダブル[다브루]'라고 쓴 데에서 유래하였다.

12. 닥상이다

"그 정도면 닥상이지.", "와~ 닥상이다." 등과 같이 사용되는 단어로 '충분하다.', '제대로다.'라는 뜻으로 많이 사용되는 단어이다.

이는 일본어의 'たくさん[沢山: 타꾸상: 많음, 충분함, 더 필요 없음]'에서 온 단어이다.

13. 단도리

"단도리를 잘해야 한다." "이제 단도리만 잘하면 일은 쉽게 끝날 수 있다." 등과 같이 사용되어 '마무리를 잘해야 한다.' 혹은 '절차를 잘한다.'라는 뜻의 단어이다. 어떻게 보면 순수한 우리말인 것 같지만, 이 역시 일본어에서 온 단어이다.

'だんどり[段取り: 단도리: 일을 진행하는 순서, 방도, 절차]'

14. 단스

흔히 '차단스'라는 단어를 많이 쓰는데, 이 단어 또한 일본어에서 유래하였다.

'ちゃだんす[茶簞笥: 챠단스]'는 '찻장(茶欌)'을 뜻한다.

하지만 그냥 '단스'라고 하면 '옷장'이란 뜻이 된다.

'たんす[簞笥: 단스: 옷장, 장롱]'

15. 닭도리탕

이 음식의 이름도 처음 들을 때부터 조금 생소한 느낌은 있었지만, 재미있는 이름이라고 느껴졌던 기억이 있다.

그랬는데, 아니나 다를까? 여기저기서 이 명칭에 대한 논란이 이어지고 있었다.

그래서 저자는 우선 요리의 재료와 형태를 가지고 나름 객관적으로 고민해 보았다. 그래서 얻은 결론은 다음의 예 중에서 최소한 한 가지의 경우일 것이라고 결론을 내렸다.

우선 닭으로 만든 음식이니 닭이라는 단어가 들어가는 것은 확실한데, 왜 또 굳이 닭의 일본어인 '도리(とり)'를 중복해서 넣었을까 하는 점에서 여기에서 '도리'는 닭이라는 뜻이 아닐 수도 있다고 생각했다. 음식의 형태로 보았을 때는 탕(湯)이라는 표현이 있으니 국물이라는 의미가 이미 있는 것으로 보아서, 여기서 '도리'는 국물의 형태라기보다는 재료의 상태를 의미하지 않았을까 하고 생각하게 되었다.

그래서 '도리'라는 일본어의 범위를 좀 더 넓혀서 '도오리'라는 '도'의 장음도 포함해 보았다.

그랬더니, 다음의 두 가지로 범위가 좁혀졌다.

'とり[取り: 도리: 얻음, 취득함, 극 중에서 마지막에 나오는 비중 있는 인물]'
'(その)とおり[その通り: 그대로, 그와 같이]'

만일, 단음인 '도리'에서 왔다면, '닭을 통째로 취득해서(도리해서) 만든 국물 있는 음식'이라고 해석할 수도 있겠지만, 이 음식의 특징을 강조하지는 못하는 것 같았다.

하지만 장음인 '도오리'에서 유래했다고 본다면, 음식의 형태 특성상 그 느낌이 맞아떨어진다는 느낌이 더 들었다.

그 느낌을 살려보기 위해서 한 가지 예를 들어보겠다.

어떤 일본인이 한국 식당에서 우연히 다른 사람이 먹고 있던 '닭볶음탕'을 보고, 인상적인 음식이라고 생각하고 주인에게 "저것이 무슨 요리냐?"라고 물어보았다고 가정해 보자. 마침, 그 음식점 주인이 약간의 일본어를 아는 사람이어서 어설프게나마 손짓, 발짓으로 설명했더니, 그 일본 사람이 알아듣고서 "아~ 도리오 소노도오리'이레다 모노데스네(아~닭을 통째로 집어넣은 것이네요)."라고 이해했다는 뜻으로 맞장구쳤는데, 그 주인의 귀에 들린 단어는 '도리'와 '도오리', '데스네'뿐이었을 것이다. 그래서 "하이! 하이! 도리, 도리 데스."라며 반 장난으로 기분 좋게 다시 맞장구쳤을 것이다. 발음이 그와 비슷한 '도리도리'라는 익숙한 한국말이 있기도 하니까 말이다.

그리고 며칠 후 그 일본인이 다시 그 식당을 찾았고, 주문하면서 또 지난번에 했던 대로 "도리오 소노도오리니 이레데~ 어쩌고저쩌고."라고 설명하자, 그 주인은 지난번 일이 생각나면서 이해했다는 뜻으로 "하이~ 도리도리 탕~?" 하고는 주방에다 대고 "야~ '닭 도리도리 탕' 달랜다~!"라고 재미있고 흥겹게 말했을 것이다.

그 식당 나름으로는 재미있는 일화이기도 하고 해서 그 후부터는 구차한 설명을 안 해도 그 손님만 오면 꼭 필요한 단어만 넣고 줄여서 "닭도리탕?" 하게 되었을 것이고, 그 말이 그렇게 퍼져나간 것이 아닐까 싶다.

너무 비약했는지도 모르겠으나 저자는 충분히 가능성이 있다고 본다.

왜냐하면, 일본어의 흔적이 꼭 일제 강점기로부터 온 것만은 아니라고 보기 때문이다.

1970~80년대에 우리가 경제 개발을 하는 과정에서 일본과의 교류가 많았기 때문에 장기 체류하는 일본인과 또 그를 상대했던 한국인 사이에서 충분히 일어날 수 있음 직한 일이기 때문이다.

기술자로 한국을 방문했던 일본인들이 한국 식당에서 서로의 어설픈 한국말과 일본말을 섞어서 말하다 보면 충분히 이런 현상이 발생할 수도 있다.

우리가 잘 아는 '캥거루'라는 단어도 아주 엉뚱한 사건에서 생긴 단어이다.

영국인이 처음으로 호주를 발견했을 때, 통통 뛰어다니는 큰 동물을 보고서 원주민에게 "저 동물의 이름이 무엇이냐?"라고 물었더니, "캥거루~" 하고 대답했다고 한다.

그래서 그 영국인은 그 동물의 이름이 '캥거루'인가 보다 생각했는데, 나중에 알고 보니 '캥거루'는 원주민 언어로 '몰라요.'라는 의미였다고 한다.

그러니, '닭도리탕'의 어원도 그런 사소한 사건으로부터 출발하지 않았겠나 하고 생각해 본다. 믿거나 말거나, 재밌게 읽고 공감

하신다면 감사하겠다.

16. 당까

예전에 우리나라가 새마을 운동을 할 때나, 공사장, 농촌 등에서 손수레나 그도 모자라서 두 사람이 한 조가 되어 '들것' 같은 것을 앞뒤로 잡고 흙을 나르던 사람들을 '당까 부대'라고 했던 적이 있고, 지금도 "당까로 흙을 나른다."라는 식으로 사용하는 용어이다. 여기서 '당까'도 일본말에서 유래하였다.

'たんか[担架: 탕까: 담가, 들것]'이라는 뜻이다.

17. 당꼬바지

남자들이 주로 입는 바지 중에서 여자의 '몸뻬바지' 같이 자주 사용되던 바지의 이름이다. 바지 아랫단이 아주 좁거나 좁게 잡아맬 수 있는 형태의 바지를 말하는데, 이는 일본어의 'だんこう[男工: 단코오: 남자 직원]'이라는 뜻에다가 바지를 붙여서 '남자용 작업 바지'를 의미하게 되었다.

18. 땡땡이, 뗑뗑이: 땡땡이 무늬, 땡땡이치다

옷감에 큰 점이 들어가거나, '물방울무늬'가 들어갈 때 우리는 '땡땡이 무늬'라고 한다.

또한, 우리가 학창 시절에 종종 썼던 속어 중에 "땡땡이치다."가 있는데, 학교 수업을 빠지고 몰래 학교를 나와서 돌아다닌다는 뜻이다.

　마치 순수한 우리말인 양 사용되고 있지만 둘 다 한자만 달랐지, 모두 일본어에서 유래하였다.

　첫 번째의 '땡땡'은 일본어로는 'てんてんがら[点点柄: 텐텐가라]'라고 쓰고 읽으며 여기서 'がら'는 '무늬'라는 뜻이다. 그러니까, '점무늬', '물방울무늬'를 말한다.

　두 번째의 "땡땡이치다."에서의 '땡땡'은 'てんてん[転転 텐텐: 전전, 여기저기 옮겨 다님, 굴러다님]'을 의미하는 단어인데, '학교에서 공부를 빼먹고 여기저기 돌아다닌다.'라는 뜻으로 사용된 데에서 유래하였다.

19. 데꾸보꾸, 데꼬보꼬

　주로 운전 중에 울퉁불퉁한 길을 만났을 때, "데꾸보꾸가 심하다."라고 주로 표현한다. 이 단어를 우리말로 한다면 "길의 요철이 심하다."이다.

　여기에서 요철의 한자 표현은 '凹凸'이다. 어린이용 그림 같지만, 이것도 엄연한 한자이다. 이 한자를 일본어 음독(音讀)으로 읽으면 'おうとつ[凹凸: 오오또쓰: 요철, 오목함과 볼록함, 균등하지 않음]'인데, 훈독(訓讀)으로 읽으면 'でこぼこ[데코보코]', 'たかひく[타카히쿠]'라는 동의어가 되는데, '데꼬보꼬→데꾸보꾸'로 변하여 사용되고 있다.

20. 데나오시

작업장에서 "데나오시 났다."라고 하면 재작업을 하게 되었다는 뜻이다.

이 말 역시 일본어에서 유래된 단어로 'てなおし[手直し: 테나오시]'라고 쓰고 읽으며 '불완전한 곳을 고침.'이라는 뜻이나 우리말에 전달되면서 '재작업', '추가 작업'을 의미하게 되었다.

21. 데루등

저자는 자동차가 좋아서 첫 직장을 자동차 회사에서 시작하였다.

자동차 부품을 관리하는 업무를 했는데, 대부분이 영어로 되어 있었고 그 뜻을 쉽게 알 수 있는 단어로 구성되어 있었다. 하지만, 실제 현장에서 사용되는 몇 가지 부품 이름은 어원을 알 수 없는 것들이 많았다.

그중 한 가지가 '데루등'이었다.

선배 사원에게 물어봐도 다 그렇게 말한다고 할 뿐 정확하게 가르쳐 주지 않았다.

그 이외에도 '쎄루모타, 쎄루카바, 신꾸깡, 쟈바라 호스, 로캄발, 호이루' 등의 부품명부터 '빵꾸, 베베콩, 빠우, 이찌부, 니부, 니부고링, 삼부, 욘부, 고부, 로꾸부' 등의 정비 용어들이 있었다.

이렇게 언급한 김에 다음과 같이 정리 도표를 만들어 보았다.

[자동차 정비 분야에서의 일본어 유래 단어와 의미]

사용되는 용어	일본어	영어	한글
데루등	テール燈[とう]	Tail Lamp	자동차 후미등
쎄루 모타	セルフスタートモーター	self starting motor	스타터 모터
쎄루 카바	セールカバー	cell cover	전면 커버
신꾸깡	眞空管 [しんくうかん]	vacuum bulb	전조등, 전구
자바라 호스	じゃばら[蛇腹]ホース	flexible hose	주름 호스
로캄발	ロカアム	locker arm	로커 암 (밸브 작동 부품)
호이루	ホイール	wheel	바퀴의 금속 부분
빵꾸	パンク	puncture	타이어에 구멍 남
빠우	バファー	buffer	광택, 문지르는 포

베베공	ベビーワゴン	baby wagon	소형 왜건 자동차
이찌부	いちぶ[一分]	1/8inch (약 3.2㎜)	볼트, 너트, 배관 자재 또는 그곳에 사용하는 공구의 크기
니부	にぶ	1/4inch (약 6.3㎜)	
니부고링	二分五厘 [にぶごりん]	5/16inch (약 8㎜)	
삼부	三分	3/8inch (약 10㎜)	
욘부	四分	1/2inch (약 13㎜)	
고부	五分	5/8inch (약 16㎜)	
로꾸부	六分	3/4inch (약 19㎜)	
데후	ディファレンシャル・ギアの 준말	differtial gear	차동장치
메가네	めがね[眼鏡]スパナ	box end wrench	양구(兩口) 렌치
마후라	マフラー	muffler	배기관, 배기구
덴죠	天井 [てんじょう]	roof interior panel	차 천장 내장재
우찌바리	うちばり [内張り]	side interior panel	차 문의 내장재
데모도	てもと [手もと・手元]	co-worker	보조 작업자

화~케이스	トランスファケース	transfer case	전륜 동력 전달 장치
네지	ねじ[捻子]	screw	나사
가무, 카무	カム	cam	캠축(軸)
바루부	バルブ	valve	밸브
후다	ふだ[札]	cylinder block cap	실린더 블록 캡
구라찌	クラーチ	clutch	클러치
고무	ゴム (네덜란드어 gom)	gum	고무
에바	エバポレーター (에바포레-타-)	evaporator	증발기

22. 데모

요즈음에 너무나도 많이 쓰는 '데모'라는 단어. 시대에 따라 많은 형태의 데모가 있었다. 이 단어의 어원은 영어 'demonstration(데몬스트레이션)'에서 왔으나, 일본을 거쳐서 들어온 용어여서 일본인들이 'デモンストレーション[데몬스토레-숀]'이라고 가타카나로 쓴 것을 'デモ[데모]'라고 줄여 쓰고 그것을 우리가 그대로 받아들여서 쓰고 있는 것이다.

23. 데모도

건설 현장에서 미장일이나 인테리어 작업할 때 또는 기계나 자동차 정비할 때 주 작업자를 도와서 일을 원활하게 하도록 하는 보조 작업자를 일컫는 용어이다.

'てもと[手もと・手元: 테모토]'라고 쓴다(3장 21항 도표 참조).

24. 데스리

계단을 내려갈 때나 오를 때, 철봉이나 나무로 만들어져서 손으로 잡고 오르내리도록 만들어 놓은 난간을 우리는 무심코 '데스리'라고 한다.

공사장에서도 너무나 자연스럽게 '데스리'라는 표현을 쓴다.

이 또한 일본어에서 유래된 것인데, 'てすり[手すり・手摺: 테스리]'라고 쓰고 '계단 손잡이' 또는 '난간'이라는 의미로 사용되는 단어이다.

25. 데후(3장 21항 도표 침조)

26. 떼부쨩, 떼부, 떼브

뚱뚱한 사람을 재밌게 표현할 때 "완전 떼부쨩이다."라고 하는데 이 말 역시 일본어에서 온 것이다.

일본어로 'デブ[데부]'라고 하면 '엄청나게 못생기거나 뚱뚱한 사람'을 의미하는데, 그 말에 사람 이름 뒤에 붙이는 'ちゃん'을 붙여서 'デブちゃん[데부쨩]'이라고 부르게 된 것이다.

27. 덴까스

요즘 텔레비전의 소위 '먹방'에서 가끔 들리는 용어이다.

'돈까스'는 많이 들어봤어도 '덴까스'는 처음 들어본 분들도 계실 것이다.

이것은 우동을 먹을 때, 국물 위에 있는 '튀김 찌꺼기 모양'처럼 생긴 모양과 맛을 좋게 하기 위한 식재료를 말한다. 하지만 '덴까스'를 직역하면 '덴뿌라 찌꺼기'를 의미한다.

'てんかす[天滓: 텐카스: 튀김 찌꺼기, 튀김 요리를 할 때 생기는 찌꺼기]'

28. 덴뿌라, 뎀뿌라

우리가 맛있게 먹는 이 음식도 그 발음에서 쉽게 알 수 있듯이 일본어에서 왔다.

'てんぷら[天麩羅: 텐뿌라]'라고 쓰고 읽는다. 튀김 음식을 의미한다.

29. 덴싱

우리는 흔히 스타킹에 올이 풀려 줄이 나갔을 때, "덴싱이 갔다."라고 하는데, 이 말도 일본어에서 왔다. 'でんせん[伝線: 덴센]'이라고 쓰고 '옷의 올이 풀려 줄줄이 옮겨 감.'의 뜻이다. 구전으로 쓰다 보니 '덴센→덴싱'으로 변하였다.

30. 덴죠

이 역시 건축 분야에서 많이 사용하는 단어인데, 천정이라는 우리말이 분명히 있는데도 자주 사용되고 있다.

'天井(천정)'이라고 한자는 같으나 일본식 발음이 'てんじょう[텐죠외]'이다.

그러나 우리의 원래의 용어는 '천장(天障)'이다.

31. 뗀뗀

우리가 어떤 글을 쓰거나 말을 맺는 표현을 할 때, '어쩌고저쩌고' 또는 '앞이나 위의 글과 같다.'는 의미로 쓰는 '뗀뗀' 또는 '뗀뗀뗀'도 흔히 사용되므로 순수한 우리말 같지만, 알고 보면 일본어에서 유래한 것이다. 한자로 쓴다면 '점, 점, 점(點, 點, 點)'이다. 일본식 한자는 '点[てん: 텐]'이라고 쓰고 읽는다.

32. 뎃꾸

이 또한 공사 현장에서 많이 사용하는 용어인데, 원래의 일본어 의미는 '쇠로 만든 지렛대'를 의미하나, '빠루(6장에서 다시 설명 예정)'라는 용어와 자주 혼용되고 있으므로 차라리 '빠루'의 의미로 설명하고자 한다.

굵은 쇠로 만들어져서 한쪽 끝은 'ㄱ' 자 모양으로 구부러지고 갈라져서 대못을 뽑을 때 쓰거나, 다른 한 끝으로는 무거운 물건을 옮길 때 지렛대로 사용하기도 하는 도구를 말한다. 우리말로는 '쇠지레', '배척', '노루발 못뽑이'라고도 한다.

원래의 일본어 표현은 '金てこ[かなてこ: 카나데꼬]'인데, '데꼬→뎃꾸'로 변형되어 건설 현장에서 자주 쓰게 되었다. 'てこ[테꼬]'만으로도 '지렛대'라는 뜻이 된다.

'てこ[梃子·梃: 테꼬: 지렛대]'

33. 뎃기리

"뎃길이다." 또는 "뎃기리다."와 같이 쓰면서 '끝내준다.', '아주 좋다.', '안성맞춤이다.'와 같은 의미로 많이 사용되는 말이다. 혹시 '大吉(대길)'이 아닐까도 생각이 드는 이 단어 또한 일본어 'てっきり[뎃기리]'에서 온 것이며 그 뜻은 '생각대로임.', '아니나 다를까.', '틀림없이', '꼭'의 뜻이지만, 우리나라에서 사용되면서 의미가 조금 와전되었다. 그러나 아직도 그 말의 '뉘앙스'가 남아 있음을 알 수 있다.

34. 뎃빵

공사장에서 한 팀의 우두머리를 '뎃빵'이라고 한다. 이 말의 어원에 대해서는 두 가지 가능성의 설이 있다. 그 첫째는 조선 시대 때 전국을 돌며 조직적인 장사를 했던, '보부상'의 직책 중에서 '대외적 실력 행사 고위직 책명'에 '대방(大房)'이라는 직책이 있었는데, 그것으로부터 '대방→댓방→뎃빵'이 되었을 가능성과 일본어 'でっぱん[鐵板: 뎃방]'에서 유래했을 가능성이다. 철판같이 센 사람이라는 비유로서 팀의 우두머리를 의미하게 되었다는 설이다.

35. 뎅강 잘리다

우리가 비교적 단단한 물체나 물건이 한칼에 잘리는 것을 표현할 때 "뎅강 잘리다."라고 한다. 우리말의 제법 많은 '의성어'나 '의태어'가 일본어에서 왔지만, 모르고 쓰고 있는 것과 마찬가지로 이 '뎅강' 또한 일본어에서 왔을 가능성이 크다.

공무원이나 회사원이 그 보직을 옮기는 것을 '전관(轉官)'이라고 하였는데 경우에 따라서는 그 직위에서 "잘렸다."라고 속되게 표현하기도 하였다. 그런데 이 단어의 일본어 표현이 'てんかん[轉官: 텐깡]'이다. 그러니 "~が てんかんされた[~가 텐깡사레타]."라고 일본말로 하는 것을 들리는 대로 우리말로 옮긴 것이 "뎅강 잘렸다."가 된 것으로 생각된다.

36. 뗑깡, 땡깡

"땡깡 부리지 마~"라든지 "이거 완전 땡깡이네~" 등과 같이 사용되는 단어이다.

'억지 쓰지 말라.'는 뜻이 포함된 단어이다.

"떼를 쓰다."나 "깡을 부리다."와 발음이 유사하므로 동일한 어원 정도로 알고서 사용하는 듯하지만, 'てんかん[癲癇: 텐깡: 전간(癲癇), 간질(癇疾), 지랄병]'이라는 일본어에서 유래한 단어이다.

간질의 증상이 몸을 가누지 못하고 경련을 일으키는 모습으로 나타난다는 점에서 비유적으로 표현된 것이다.

37. 도께다시, 도끼다시

이 용어는 건축 공사 현장에서 바닥을 마무리 작업할 때 많이 사용하는 기법이다.

지금은 여러 가지 더 좋은 방법이 개발되어서 예전만큼은 많이 사용하지는 않는 것 같으나, 과거에는 이 방법을 흔히 사용하였다.

시멘트와 여러 가지 잔돌을 섞어서 바닥을 어느 정도 평평하게 만들어서 굳힌 후, 회전하는 연마석으로 물을 뿌려가며 갈아내면 울퉁불퉁하던 표면이 마치 대리석같이 매끈해지면서 미려한 바닥으로 변모하는 기법이다. 이 단어의 어감은 얼른 들어도 일본어에서 유래했음을 금세 알 수 있는데, 원래는 'とぎだし[研ぎ出し: 토기다시]'라고 하며 그 뜻은 '돌 따위를 갈아서 윤이나 무늬를 냄.'이라는 데에서 유래하였다.

'토기다시→도끼다시→도께다시'

38. 도꼬다이

"인생은 어차피 '도꼬다이'다."라고 하는 다소 자조적인 말을 들은 적이 있다. 이 말에서 '도꼬다이'의 뜻을 보면 '나 혼자다.', '외롭다.', '내가 개척해야 한다.'라는 뜻이 내포된 것으로 보인다.

그러나 원뜻은 그것이 아니고 '특공대(特攻隊)'라는 한자를 가진 일본어이다.

단어 자체만으로는 멋있는 분위기를 풍기고 우리말에서도 아주 긍정적인 느낌을 주는 단어이지만, 원래는 태평양 전쟁 당시, 일본의 패색이 짙어지는 상황에서 부족한 전투력을 보강하기 위하여 '비행기'나 '잠수함' 따위로 목숨을 건 '자살 공격'을 했던 '육탄특별공격대[肉彈特別攻擊隊: にくだんとくべつこうげきたい: 니꾸단 토꾸베쓰 코오게끼따이]'에서 유래하여 '특공대(特攻隊)'라고 줄여서 사용하던 단어였다.

이 특공대의 일본 발음이 'とっこうたい[톡코오타이]'인데 '도꼬다이'로 변하였다.

39. 도꾸리

요즘은 중국집에서 음식을 먹을 때, 반주로 중국 술을 주문하면 주로 병으로 주지만, 불과 10여 년 전만 해도 '도꾸리'라는 '작고 투명한 유리병'에 고량주를 넣어서 주었다. 그래서 주문할 때부터 "고량주 '한 도꾸리' 주세요."라는 식으로 주문하곤 했다.

그러면, 여기서 '도꾸리'라는 것은 무슨 뜻일까?

일본어 사전에서 '도꾸리'를 찾아보면 'とくり'라고 쓰고 '德利'라는 한자를 쓰고 있다. 그 뜻으로는 '(아가리가 잘쏙한) 술병', '(비유적으로) 헤엄을 못 치는 사람'이라고 나와 있다. 우리가 수영 못하는 사람을 '맥주병'이라고 표현하는 것과 유사하다.

40. 도나쓰

우리가 좋아하는 빵인 '도나쓰'를 영어로는 'doughnut(도우넛)'이라고 쓰고 있으나 그 발음이 많이 다르다. 그 이유는 일본에서 먼저 그 표기법을 가타카나로 'ドーナツ[도-나쓰]'라고 한 것을 우리가 그대로 받아들였기 때문이다.

41. 도라무깡, 도라무

석유나 기름을 담는 쇠로 된 큰 통을 '도라무통'이라고 한다.

이 역시 일본이 먼저 영어의 'drum(드럼)'을 일본식으로 표기하면서 그렇게 된 것이다. 일본어로는 'ドラムかん[ドラム缶: 도라무깡]'이라고 쓰고 읽는다.

여기서 '도라무깡→도라무'로 바뀌어 쓰게 되었다.

42. 도라이바 (2장 14항 '네지, 네지마시' 참조)

43. 도롯또

서양 춤의 종류에 '도롯또'라는 것이 있는데, 이 또한 일본이 받아들이는 과정에서 조금 틀리게 표현한 것을 우리가 그대로 받아들인 데서 유래하였다.

영어로는 'foxtrot(폭스트롯)'이며 'フォックストロット[폭쿠스토롯토]'라고 쓴 것을 줄여서 'トロット[토롯토]'라고 하였고 그것을 우리가 그대로 받아들여서 쓰고 있는 것이다. '토롯토→도롯또'로 변하였다.

44. 도비

지금도 영등포나 구로 공구 상가 등에 가보면 '도비'라고 간판을 써 놓은 것을 볼 수 있다. 여기서 도비는 '중량물을 전문으로 나르는 직업', '고층 건물 유리 청소 직업 또는 그 사람'을 말한다. 그런데, 이 말의 어원도 일본어이다.

'とぶ[飛ぶ: 토부: 날다, 날아가다, 흩날리다]'에서 명사형인 'とび[토비]'가 되었다.

45. 도란스

지금은 우리나라에서 생산하는 전기량이 충분하여 한꺼번에 많은 사용자가 전기를 사용한다고 해서 전압이 떨어진다든지 하는 일은 없다.

하지만, 한 세대 전만 해도 전기 수요가 많은 저녁 시간에는 전압이 강하되어 '텔레비전'의 화면이 줄어든다든지 전구의 밝기가 흐려진다든지 하는 일들이 비일비재하였다.

이때 유용한 것이 '전기 승압기'인 '도란스'였다.

영어로는 'transformer(트랜스포머)'인데, 정확한 해석은 '변압기'라고 해야 옳다.

아무튼, 이 단어 또한 일본이 외국 문물을 우리보다 먼저 받아들였으므로 일본어 표기법으로 'トランス[토란스]'라고 쓴 것을 우리가 그대로 받아들여 '도란스'라고 하게 되었다.

46. 돈까스

우리가 즐겨 먹는 '돈까스'라는 음식 이름도 일본식 표현에서 온 것이다.

돈까스 또한 일본이 서양 음식을 도입하여 일본화시킨 음식이므로 이 단어의 일부분은 외래어이다. 일본어로 '豚(とん)カツ[とんカツ: 돈카쓰]'라고 쓰고 읽는다.

때로는 'ポークカツレツ[포크카쓰레쓰: 돼지고기 커틀렛]'라고도 부른다.

여기서 '카쓰'는 영어 'cutlet(커틀렛)'에서 온 것이다.

'돈까스'는 독일과 오스트리아 음식인 '슈니첼(schnitzel)'에서 유래한 음식이라고 한다. 원래는 포크와 나이프로 먹었으나, 젓가락을 쓰는 일본인에 맞도록 미리 잘라서 나오는 것이 '일본식 돈까스'의 특징이다.

여기서 재미있는 사실은 일본의 입시 시즌에 수험생들이 시험 전에 먹는 필수 음식이 돈까스라는 사실이다.

그 이유는 '까쓰'의 발음이 '승리하다.'라는 뜻의 일본어 '勝つ[か
つ: 카쓰]'와 같기 때문이라고 한다.

47. 똔똔, 또이또이

우리는 어떤 상업 거래가 끝났을 때, 약간 손해 본 듯해도 이것
저것 따져 보니 비슷했을 때 "똔똔이다." 또는 "또이또이다."라는
표현을 자주 쓴다.

이때의 이 표현도 알고 보면 일본어에서 유래한 표현이다.

'とんとん[톤톤: 둘이 비슷함, 엇비슷함, 수지(收支)가 균형 잡힘, 팽팽함]'

48. 돗데

당구를 칠 때 제일 마지막 한 점이 남았을 때 "돗데 남았다."라
고 한다.

그런데, 여기에는 한 가지 확인되지 않은 설이 있다.

즉, '돗단배'의 '돗'과 같이 하나 남았다는 것을 상징한다는 데에
서 나왔다는 설인데 뉘앙스상으로 보면 무언가가 약간 부족하다
는 느낌이 든다.

그런데, 저자는 이 '돗데'라는 단어가 일본어의 'どて[土手: 도떼]'에
서 오지 않았을까 하는 가설을 제시해 본다.

왜냐하면, 이 단어의 뜻이 '둑', '제방'이라는 뜻과 함께, 비유적으
로는 '이 빠진 노인의 잇몸'이라는 두 가지의 뜻이 있기 때문이다.

전자에 비유했다면 '둑과 같은 마지막 버팀목'이라는 느낌에 비

유할 수 있고, 후자에 비유했다면 '이 빠진 노인의 잇몸'과 같이 거우 버티고 있는 느낌에 비유했을 수도 있기 때문이다. 당구를 치다 보면 이 마지막 한 점이 해소되지 않아서 게임에서 지는 경우가 종종 있다.

그러니, 이 마지막 한 점을 '이 빠진 노인의 잇몸'이라고 우습게 알고 게임을 운영하다가 '둑과 같은 마지막 버팀목'이 되어서 결국은 지고야 마는 경우가 생길 수 있으므로 '돗데'라고 비유하지 않았을까 하고 생각해 본다.

49. 뒷담화

저자는 이 단어가 변화 및 발전하는 과정에서 직접 그 세월을 같이하면서 목격해 온 단어 중의 하나라고 자신한다.

원래는 당구장에서 사용되던 용어인 '뒷다마'가 그 사용의 어원이라고 할 수 있다.

그러던 것이 세월이 한 세대 정도 흐르니, 마치 우리말인 양 '뒷담화(談話)'라는 그럴듯한 한자어로 바뀌면서 현재 자주 사용되는 단어가 되었다.

'뒷다마'라는 것은 당구를 칠 때 사용되던 용어로, 원래 의도했던 것은 내가 친 흰 공이 빨간 공의 정면으로 바로 가도록 해서 맞히는 것이다. 만약 제대로 코스를 따라가지 못하고, 쿠션을 받고 되돌아오면서 공의 뒷부분을 맞추었을 때 "야! 뒷다마 치지 마!" 또는 "와~ 뒷다마다."라고 '반우스갯소리'를 하곤 했던 것이다. 그래서 이 표현이 때로는 비유적으로 '남의 뒤통수를 친다(남을 배반한다는 뜻).'라는 말로 쓰이기도 하였다.

그러던 것이 세월이 흐르면서 '뒷다마→뒷담화(談話)'로 바뀌더니, '뒤에서 남의 험담이나 흉을 보는 것'이라는 비교적 점잖은 표현으로 변한 것은 흥미롭다.

다시, 30~40년 전의 시절로 돌아가 보면, "당구 치자!"보다는 "다마 치자!"라는 말이 더 자연스럽게 쓰이던 시절이었다.

그래서 '뒷다마'라는 용어도 자주 썼고, 대부분의 당구 용어가 일본어 그대로였다.

예를 들어보면 다음과 같다.

'오시, 히끼, 맛세이, 나미, 요세, 빠킹, 다데, 마와시, 우라마와시, 오마와리, 힛가키, 히로(시로), 기리까시, 방까이, 죠단' 등이 있다.

아마 지금도 60~70대 전후의 분들은 이러한 용어를 그대로 사용하고 계실 것이다.

말이 나온 김에 앞에 언급한 용어들의 일본어 어원과 뜻, 그리고 우리말로 사용하도록 권장하는 용어들을 도표로 정리해 보았다.

[당구 게임 분야에서의 일본어 유래 단어와 의미]

실제 사용 일본어 용어	원래의 일본어	뜻	우리 용어
갸꾸, 가꾸	ぎゃくひねり [逆捻り: 갸꾸히네리]	쿠션에 역회전 치기	역회전
가라꾸/가락	から(空)クッション: 가라 쿠션	쿠션 먼저 치기	빈 쿠션
가부리	かぶり [被·冠: 가부리]	공이 치기 어려운 위치에 놓여서 마치 가려진 것 같은 상황	가림
가에시	かえし [返し: 가에시]	치기 쉽게 모이도록 되돌려 치기	모아 치기
겐뻬이	げんぺい [源平: 겜뻬이]	平安 시대 源氏와 平氏 가문의 전투에 비유해서 편 갈라서 치기	편 가르기
겐세이	けんせい [牽制: 겐세이]	상대가 치기 어렵게 공을 배치하는 것	견제
기리까이/시	きりかえし [切り返し: 기리카에시]	백구가 적구를 치고 쿠션을 거쳐서 다른 적구를 침	비껴 치기, 가로 치기
나미／나메	なめ [舐め: 나메]	핥듯이 살짝 치기	얇게 치기
니꾸／리꾸	りく(陸) [陸軍撞き: 리쿠군 쓰키]	구 일본군의 전투 스타일 비유설	두 번 치기
	にきゅう [二球: 니큐우]	'두 번째 공도 쳤다.'라는 뜻에서 유래했다는 설: 니큐우→니큐→니꾸	
네지마시	二重回し [にじゅうまわし: 니쥬우 마와시]	크게 두 회전 돌려서 제2구를 맞춤	대회전, 두 번 돌리기
다데(가시)	たてかえし [縱返し: 다데카에시]	테이블의 긴 방향으로 치기	길게 치기

다마	たま[球: 다마]	공	공
다마사리	たま(玉)さわ(触)り: 다마사와리	큐대나 몸으로 공을 건드림	공 건드리기
다이	だい [台: 다이]	당구대	당구대
떡	タッチ: 탓치	touch	붙은 볼
돗데	앞항에서 설명	마지막 보루 한 점	한 점
맛세이	マッセ: 맛세	프랑스어 massé(마시): 큐를 수직으로 세워서 공을 치는 동작	찍어 치기
방까이	ばんかい [挽回: 방까이]	만회함	만회
빠킹	ぱっきん [罰金: 밧킹]	벌점, 시로와 같은 의미	벌점
시까끼/ 히까끼	ひっかけ: 힛가께	쿠션 가까이 있는 적구보다 먼저 쿠션을 친 후 적구를 치기	걸쳐 치기
시끼/히끼	ひき [引き: 히키]	백구의 하단을 역회전하도록 침	끌어 치기
시네루	ひねり: 히네리	백구에 좌나 우 방향으로 회전력을 주기	비틀기 회전
야스리	やすり [鑢: 야스리]	큐대 끝의 팁을 다듬는 줄	줄
오마우시	おおまわし [大回し: 오오마와시]	밀어서 길게 돌리기	앞 돌리기
오시	おし [押し: 오시]	밀어서 치기	밀어 치기
요세다마	よせ(寄せ)たま	적구 2개를 치면 3점, 적백을 치면 2점의 룰로 치는 당구 게임	
우라마우시	うらまわし [裏回し: 우라마와시]	백구가 적구에 맞은 후 뒤 쿠션으로 돌리기	뒤 돌리기
입빠이	いっぱい(一杯)	크게, 많이	많이

쬬단	ちょうたんちょう [長短長: 쵸오단쵸오]	백구가 당구대의 장·단·장 또는 단·장·단 순으로 쿠션에 닿는 것	되오기 치기
쫑	ちょん: 쫑	부딪힘, 키스	키스
큐	キュー: 큐우	큐대, 당구봉	당구봉
큐사리	キューさわり [cue 触り: 큐- 사와리]	큐대로 공 건드리기	큐로 건드리기
하꼬마오시	はこまわし [箱回し: 하꼬마와시]	짧은 쿠션이 있는 당구대 코너를 상자로 비겨 이르는 말	제각 돌리기 옆 돌리기
후로꾸	フロック: 후록쿠	영어 플루크(fluke: 요행수)에서 유래함	플루크
후다	ふた [蓋: 후다]	9볼을 칠 때, 최종구의 점수 결정을 위한 숫자가 쓰인 패	
히로/시로	しろ [白: 시로]	상대 수구를 내 수구로 침	벌점

4장
'ㄹ'로 시작하는
단어들

1. 라사, 나사

'맞춤 양복점' 이름을 보면 '~라사(羅紗)'라고 쓰는 것을 자주 볼 수 있다.

그리고 당구대의 녹색 천도 '나사'라고 부르고 있다.

이 단어 역시 일본어에서 온 것을 우리가 그대로 쓰고 있는 것이다.

그런데 재미있는 사실은 이 단어가 포르투갈어의 'raxa(라샤)'로부터 온 것이고 그 뜻은 '두툼한 모직물'을 뜻하는데, 이것을 일본어로 'ラシャ[라샤]'라고 쓰면서 비슷한 발음의 한자어 '羅紗[らしゃ: 라샤]'로도 썼다는 사실이다.

그 후로 이 단어는 '모직물'을 뜻하는 단어가 되었다.

2. 라이방

'선글라스'의 대명사 '라이방'. 그러나 이 단어 역시 일본어 표기법에 따른 잘못된 발음이라는 것을 아는 분은 아실 것이다.

회사 이름이 마치 그 제품의 이름인 것 같이 사용되는 경우를 우리는 많이 보아왔는데, 이 '라이방'의 경우도 예외는 아니다.

미국 선글라스 메이커 중에 'Ray Ban(레이밴)'이라는 회사가 있는데, 선글라스 업계에서는 선구자적인 입장에 서다 보니 그 회사 이름 자체가 선글라스를 의미하게 되었다. 가타카나로 'ライバン[라이방]'이라고 쓴 것을 우리가 그대로 쓰고 있는 것이다.

3. 라지에타

라지에타는 자동차 부속으로 자동차 엔진에서 발생하는 열을 외부로 내보내는 '방열 장치'를 뜻하는 용어이다. 영어로는 'radiator(라디에이터)'라고 쓰는데, 일본이 외래어 표기법으로 'ラジエーター(라지에-타-)'라고 한 것이 우리에게 그대로 구전된 것이다.

일본어 알파벳이라고 할 수 있는 '50음도(五十音図)'에는 '디'의 발음이 없어서 이에 근접한 발음인 'ジ(지)'를 사용한 것이다.

바로 다음 항에서 설명하는 '라지오'의 경우도 마찬가지이다.

4. 라지오

지금도 70대 전후의 나이대 분 중에서 '라디오'를 '라지오'라고 하는 분들이 계실 것이다.

저자가 어릴 때만 해도 '라지오'라고 일컫는 사람들이 꽤 많았다.

잘 아시겠지만, '라디오'의 정확한 영어 표현은 'radio receiver(레이디오 리시버)'이다. 정확히 번역하면 '전파 수신기'이다.

그러다가 라디오 방송이 일반화되면서 'radio(레이디오)'라고 줄여서 말하게 되었다. 그 시점에서 일본이 외래어 표기법으로 'ラジオ'라고 표기하면서 우리가 그 발음 그대로 도입하여 '라지오'가 되었다가 '라디오'로 정정하여 표현하였다.

한편, 방송국을 영어로는 'radio broadcasting station(레이디오 브로드캐스팅 스테이션)'이라고 한다. 우리말로 직역하면 '전파 방송국'이다.

이것도 자주 사용하다 보니 지금은 '방송국'이라고만 해도 그 뜻이 통하게 되었다. 말이라는 것은 이렇게 시대의 변천과 잦은 사용빈도에 따라 변하는 것이라는 것을 알 수 있다.

5. 락교, 락규

일본 음식점에서 '스시'를 먹을 때 나오는 마늘 모양 비슷한 반찬 종류이다.

일본 음식점에서 나오니 당연히 일본 이름이 붙은 것이다.

원래의 일본어로는 'らっきょうづけ[らっきょう漬け: 락쿄오즈케]'인데 우리말로는 '염교'라고 하며 이 염교를 절인 음식이다.

줄여서 간편하게 '락교'라고 하게 되었다.

6. 레떼루

옷이나 전기 제품 등의 상표 이름이 뭐냐고 물을 때 "레떼루가 뭐야?"라고 말하는 경우를 종종 본다. 여기서 '레떼루'는 영어가 아닌 네덜란드어의 'letter(레트테어)'를 일본식 발음으로 읽은 것이 우리에게 그대로 구전되어서 쓰이는 것이다.

'レッテル[렛테루]'라고 쓰고 읽으며 '상표'라는 뜻이다.

7. 레쟈

우리가 흔히 '레자'하고 하면 '인조 가죽의 소재'를 말한다.

그러나 이 용어는 원래 '합성 피혁'을 뜻하는 영어 'leathercloth (가죽 비슷하게 만든 천)'에서 온 것으로 'artificial leather(인조 가죽)'를 의미한다.

이를 일본이 도입하는 과정에서 'レザークロス[레쟈-쿠로스]'라고 쓰다가 줄여서 'レザー[레쟈-]'라고 쓰게 되었고, 우리가 그 발음 그대로 사용하게 된 것이다.

8. 레지

요즘은 커피가 정말 일반화되어 언제 어디서나 즐길 수 있는 기호품이 되었지만, 한 세대 전인 저자의 청소년 시절만 해도 다방이나 가야 즐길 수 있는 고급 기호품이었다. 이번에 소개하는 '레지'라는 단어는 바로 그곳에서 사용되던 용어였다.

'커피값 계산을 하는 곳', 즉 계산대의 여자 직원 또는 커피를 손님 자리까지 나르는 역할을 하는 '여자 종업원'을 그렇게 부르곤 하였다.

이 용어 또한 일본이 도입한 외래어를 우리가 그대로 받아들인 것인데, 두 가지 설이 있다.

그 첫째는 영어로 'lady(숙녀)'를 'レージ[레이지]'라고 썼다는 설이다.

여기서도 일본어의 특성상 '디'의 발음이 'ジ(지)'로 사용될 수밖에 없었을 것이다. 커피를 테이블까지 가져다주는 직원이 말쑥하게 차려입은 여성이다 보니 거기에서 유래되었다는 것이다.

두 번째는 'register(금전 출납 등록)'에서 왔다는 설이다.

즉, 'レジスター[레지스타]'로 표기하던 것이 줄어서 'レジ[레지]'가 되었다는 것이다.

일본어 사전에서도 'レジ'에 대한 설명이 두 가지로 나온다.

첫째는 '喫茶店などでコーヒーなどを運ぶ女給[다방 같은 곳에서 커피 등을 나르는 여종업원]'이라는 설명과 두 번째의 설명은 'レジスター(register)의 줄임말로 금전 등록기, 금전 출납 담당'이라고 되어 있는 것을 알 수 있다.

어느 것이든, 모두 일본식 영어 표기법을 우리가 그대로 사용해 온 것임은 틀림없다.

9. 로라

'롤러스케이트'라든가 '롤러 블레이드'를 말할 때 흔히 편하게 '로라'라고 하는데 이 역시 영어의 'roller(롤러)'를 일본어의 가타카나 표기법으로 'ローラー[로-라-]'라고 표기하면서 우리가 발음 편의상 그대로 쓰고 있는 것이다.

10. 로타리

'회전식 교차로'를 우리는 '로타리'라고 흔히 말한다.

이것은 영어의 'rotary(로터리)'를 일본식 표기법으로 'ロータリー[로-타리-]'라고 한 데서 비롯된 것이다.

지금은 '회전식 교차로'가 제법 많이 적용되고 있지만, 과거에는 그다지 많지 않았다. 이후 그 유용성을 새롭게 인정받으면서 다시 쓰게 된 것 같다.

'로터리'라는 용어는 '미국권'에서 주로 쓰는 단어인데, 오히려 우리나라의 이런 형태의 교통 시설에 대해 영국이나 영연방에서는 'roundabout(라운더바웃)'이라는 용어를 더 많이 쓴다.

11. 루즈

앞에서 소개했던 '구찌베니'의 다른 표현이 바로 '루즈'인데, 이 단어는 프랑스어에서 유래하였다.

원래의 단어는 'rouge à lèvres[루즈아레브]'로 '입술연지'라는 뜻이다.

이것을 일본인이 들여오면서 'ルージュ[루-쥬]'라고 간략하게 표기하게 되었고 우리가 이를 그대로 받아들여 사용한 것이다.

여기서 'rouge'는 빨간색을 뜻한다.

또한, '구찌베니'에서의 '구찌'와 '베니'는 각각 '입'과 '붉은색'을 뜻하는 'くち[口: 쿠찌]'와 'べに[紅: 베니]'이다.

12. 리모콘

텔레비전이나 에어콘, 오디오 시스템 등을 사용할 때 먼 거리에서도 제어할 수 있도록 하는 편리한 도구인 '리모콘'. 이 단어의 원조는 물론 영어의 'remote controller(리모트 컨트롤러)'인데, 줄여 말하기 좋아하는 일본인들이 'リモコン[리모콘]'이라고 줄여서 표기하면서 일반화된 것이다. 우리가 그 문물을 받아들이는 과정에시 우리도 그대로 사용하게 되었다.

'リモートコントロール[리모토 콘토로-라]'의 준말이다.

5장

'ㅁ'으로 시작하는
단어들

1. 마가린

식물성 버터를 '마가린'이라고 한다. 즉, '버터(butter)'는 우유를 가공하여 만든 동물성 식품이고 '마가린(margarine)'은 식물성 기름을 가공하여 만든 제품이다.

'마가린'의 미국식 원래 발음은 '마져린'이다. 그런데 이것이 '마가린'이 된 데에는 역시 일본어의 영향이 개입되어 있다.

일본이 아무래도 우리보다 서양 문물을 먼저 받아들이고 그것을 나중에 우리가 도입하게 되다 보니 일본식 제품명을 그대로 사용하게 된 것이다.

'マーガリン[마-가린]'이라고 쓰고 읽으며 '식물성 인조 버터'를 의미한다.

2. 마구리, 마가리

저자가 중학생 때로 기억하는데, 아버지께서 '마구리'라는 단어를 쓴 기억이 난다.

가을에 날이 추워지니 난로를 마루에 설치할 때, 아버지께서 직접 연통을 달고 하는 것을 도와드렸는데 '90도 각도로 구부러진 주름진 연통'을 '마구리'라고 지칭하셨던 것이다.

그때는 그저 '무엇인가를 막는다.'라는 뜻인가 하고 생각하고 지나갔지만, 인상에 남아 있었다. 하지만 요즈음도 몇몇 작업 현장에서는 '마구리'라는 용어가 아직도 사용되고 있다. 요즈음 들어 본 것은 '배관, 덕트 작업'을 하는 현장에서 설치되는 방향이 직선에서 곡선을 이루며 방향을 바꾸는 부분의 '작업'이나 '소재'를 언급할 때 사용되고 있었다. '연통 마구리, 덕트 마구리, 마구리 작업' 등의 용어가 그것이다.

이 용어는 일본어 'まがり[曲(が)り: 마가리]'에서 유래한 용어로 그 뜻은 '구부러짐, 구부러진 곳, 구부러진 모양'을 의미하며 'まがりがね[曲がり金: 마가리가네]'의 준말이다. '마가리→마구리'로 변하여서 사용되고 있는 것이다.

기타, 다른 형태의 직업군에서, '마구리'나 '마가리'의 사용 예가 있다면 이 용어에 사용된 한자가 '曲(곡)' 자이고, 그 뜻은 '구부러진'이라는 뜻이므로 그에 합당한 의미가 숨어있을 것으로 보인다.

3. 마끼까이

과거 필름 카메라 시절에는 하나의 필름을 다 사용한 후에 현상하면 빈 필름 통이 남곤 했는데, 이 빈 필름 통에 새로운 필름을 20~40장짜리로 감아서 쓰고는 하였다. 'DP&E(현상, 인화, 확대)'라는 간판을 단 곳에 가서 "필름 하나 주세요."라고 하면 "새 필름으로 드릴까요? '마끼까이'로 드릴까요?" 하고 물어보곤 했던 기억이 난다.

여기서 '마끼까이 필름'은 속 내용물인 '필름'만을 큰 롤에서 잘라내어 '기존에 쓰던 필름 통'에 넣은 것으로 '완전 신품 필름'보다는 싸고 품질도 거의 다르지 않았기 때문에 애용하곤 했다.

요즘으로 따지면 프린터 잉크의 '리필제품' 격이라고 할 수 있다.

그러나 지금은 디지털카메라가 대세이므로 '미끼끼이'라는 용어를 사용하지 않는다. 단지, 전기 모터를 재생하는 업체에서는 이 용어를 '모터 마끼까이'라고 해서 아직도 사용하고 있다.

여기서 '모터 마끼까이'는 오래 사용한 모터의 '에나멜 코일'의 절연성이 떨어지거나 끊어졌을 때 또는 '소착'되었을 때, 그것을 풀어내고 새로운 코일로 감아서 모터를 재생하는 것을 말한다.

따라서 '券き替[まきかえ: 마키카에]'라고 쓰고, 그 정확한 뜻은 '다른 것으로 바꿔 감다.'라는 뜻이다.

음식 중에 '계란말이'를 가끔 '계란마끼'라고 하시는 분들도 있다. 이것도 '券き[まき: 마키]'라고 쓰며 '만다, 만 것'이라는 뜻이다.

4. 마와시(3장 49항 '뒷담화' 도표 참조)

5. 마이(1장 5항 '가다마이' 참조)

6. 마이가리, 마에가리

저자가 군생활할 때, 진급을 앞두었는데 미리 그 계급장을 달고 다니는 상황, 예를 들어 지금 현재 상병인데 병장 계급을 미리 달고 다니는 경우 '마이가리 병장'이라고 빗대서 말하곤 했던 기억이 있다. 지금도 군에서는 쓰는 경우가 많으리라고 생각된다.

이 단어도 일본어에서 왔는데, 'まえがり[前借り: 마에가리]'라고 쓰고 읽으며 그 뜻은 '전차금, 봉급 따위의 가불'을 의미한다.

7. 마찌꼬바

영등포역 부근이나 문래동, 구로역 부근에 보면 고만고만한 크기의 공장들이 모여 있다. 우리는 이런 크기의 공장을 흔히 '마치꼬바'라고 하는데, 어감에서 벌써 일본어라는 느낌이 든다. 그 원어는 'まちこうば[町工場: 마치코오바]'로 '도시 내에 있는 작은 공장'을 뜻하는 말이다.

8. 마호병

저자가 국민학교(지금의 초등학교) 시절에 어머니가 남대문 도깨비시장에서 구입하셨다고 한 물건이 있었다. 이름은 '마호병'이라고 하시면서, 얼음을 넣어두거나 뜨거운 물을 넣어두면 절대로 녹거나 식지 않는다고 하셔서 '참 신기한 물건'이라고 생각했다.

지금까지도 '마호병'이라고 자주 쓰고 있는 말이다.

이 말 또한 일본어에서 온 단어이다.

'まほうびん[魔法瓶: 마호오빙]'이라고 쓰고 읽으며 앞의 단어는 일본어 발음대로 전달되고 뒤에 오는 '병' 자만 우리말로 되었다. 지금은 '보온병'이라고도 많이 한다.

'마호오빙→마호병'으로 변하였다.

9. 만땅

요즘은 셀프 주유소가 많아서 그다지 많이 쓰지는 않으나, 주유원이 직접 넣어주는 주유소에 가면 가끔 쓰거나 듣게 되는 말이다.

이 말의 어원 또한 일본어에서 왔는데, 'まんタン[満タン: 만탕]'이라고 쓰고 읽는다. 그 구성을 분석해 보면 '満 tank(만 탱크)'로 일본어와 영어의 합성어이다.

가끔 "술이 만땅꼬(満 tank)가 되어서 쓰러져 잔다."라는 식으로 '술에 만취했다.'라는 뜻으로 사용되기도 한다.

10. 만쥬

요즈음, '만쥬'라고 하면 '만두 모양'으로 생긴 작은 빵 같은 것을 의미하는 단어로 사용되고 있는데, 어느 시점인가부터 대중적으로 많이 쓰이는 단어가 되었다.

저자의 기억으로는 처음에는 밤 모양의 작은 빵 형태로 소개되면서 '밤 만쥬'라고 했다. 그러더니 그 뒤로는 그와 유사한 '작은 형태의 빵'을 모두 '만쥬'라고 통칭하고 있다.

이 단어 역시 일본어 'まんじゅう[饅頭: 만쥬]'에서 온 것으로 한자 표기만을 보아서는 우리가 잘 아는 '만두'이다. 하지만, '밤 만쥬'라고 처음 소개되었을 때의 그 느낌으로부터 유래하여, 그와 유사한 형태의 작은 빵들을 모두 '만쥬'라고 하고, 기존의 '만두'와는 구분되는 개념의 용어가 되었다.

이는 7장에서 소개될 '센베', '전병', '젠병'과 같이 세 가지의 단어는 모두 한자로는 '煎餅(전병)'이라고 쓰지만, 그 단어가 풍기는 느낌은 각각 다른 것과 유사하다. 즉, 그 어원은 같으나 그 물건의 제조 방법이나 도입 경로, 시기에 따라서 비슷하지만 서로 다른 의미의 단어가 된 것이다.

11. 맛세이(3장 49항 '뒷담화' 도표 참조)

12. 매스컴

우리는 텔레비전이나 라디오, 신문, 잡지 등을 통틀어서 '매스컴'이라고 한다.

여기서 '매스컴'은 영어의 '매스커뮤니케이션'을 줄여서 표현한 말이다.

'mass communication'이라고 영어로 쓰며 '신문, 라디오, 텔레비전 등에 의한 정보의 대량 대중 전달'을 의미하는데, 단어가 길다 보니 줄여 쓰기 좋아하는 일본인들의 기질이 여기에서도 발휘되어 'マスコミ[마스코미]'라고 쓰게 되었다.

원래의 표기는 'マスコミュニケーション[마스코뮤니케-숀]'인데, 앞의 네 글자만 쓰게 된 것이다. 이것을 우리가 그대로 받아들여서 '마스코미→마스콤→매스컴'으로 변했다.

13. 머구리

텔레비전에서도 이 말을 너무 자연스럽게 사용하고 있다.

동해에서 문어잡이를 하는 어부를 소개하면서 잠수하는 어부를 '머구리'라고 부른다.

마치 순수 우리말인 듯하지만, 이 또한 일본어에서 온 단어이다.

'잠수하다.'는 일본어로 'もぐる[潜る: 모구루: 잠입하다, 자맥질하다, 잠수하다]'이고 그 명사형이 'もぐり[潜り: 모구리]'인 것이다.

'모구리→머구리'와 같이 변하였다.

14. 메가네

원래의 뜻은 '안경'인데, 안경은 의외로 '메가네'라고 전래되지는 않았지만, 안경 형태의 물건이나 공구 등을 일컬을 때 그 수식어로 '메가네'라는 식으로 종종 쓴다. 한자로는 쓰면 '眼鏡'이고 'めがね[메가네]'라고 읽고 쓴다.

사용 예는 다음과 같다.

'めがね スパナ[眼鏡 スパナ: 메가네 스파나: 박스 엔드 렌치(box end wrench)]'

15. 메끼, 멕기

일상생활에서 '금 메끼 제품' 또는 '크롬 메끼'라든가 하면서 무심코 많이 사용하는 단어이다. 이 단어 역시 일본어에서 유래하였다.

'めっき[鍍金: 멕키: 도금]'이라고 쓰고 읽으며 '멕키→메끼'로 변화되었다.

16. 메리야스

지금도 속내의나 저지와 같이 신축성이 좋은 의류를 '메리야스 제품'이라고 부른다.

그런데, 이 '메리야스'라는 단어는 어느 나라 말인가? 영어인가, 일본어인가?

그래서 나름대로 조사해 보니 이 단어 또한 일본이 도입한 외래어를 우리가 그대로 받아들이면서 '메리야스' 하면 '속내의'라는 개념으로 통하게 된 것이었다.

즉, 포르투갈어에서 '양말'을 뜻하는 'meias(메이아스)'가 일본으로 전파되면서 일본어 표기법으로 'メリヤス[메리야스]'라고 쓰게 되었는데, 직물을 짜는 방식이 신축성이 좋은 의류를 만드는 데 적합하다 보니, 같은 직조 방식으로 신축성 좋은 속내의를 짜게 되면서 '메리야스' 하면 '속내의'를 의미하게 되었다.

오늘날에는 '메리야스'라고 하지 않고 '니트(knit)'라는 새로운 용어를 쓴다. 왜냐하면, 메리야스 속내의를 짜던 직조 방식이 그 범위가 넓어져서 양말, 속내의뿐만 아니라 신축성 좋은 옷을 만들 때도 확대 적용되었기 때문이다.

17. 메지

주로 타일 작업 현장에서 많이 쓰는 용어이다.

'메지 작업'이라고 하면 두 타일 사이의 간격에 흰색의 '충진몰탈'을 넣어서 보기 좋게 하는 작업을 말하고, '메지 오야지'라고 하

면 그 작업을 주로 하는 팀의 팀장을 의미히기도 한다. 이 주머니들이 주로 해서 그런지 '메지 아줌마'라는 말로도 사용한다. 여기서 '메지'는 일본어 'めじ[目地: 메지]'에서 유래하였다. 주로 건축 용어로 사용되며 '줄눈, 벌어진 틈' 등의 뜻으로 사용된다.

타일 작업은 주로 욕탕이나 주방에서 이루어지며, 물을 많이 쓰는 장소라는 특성에서 위생과 미관을 중요시하다 보니 깔끔하고 배수가 잘되도록 하는 것이 포인트인 것 같다. 타일 작업과 관련하여 사용되는 용어들도 일본어에서 유래된 용어들이 많다

그 예로는 '함빠, 함빠 작업, 유가, 쿠사비, 오야지' 등이 있다.

여기서, '함빠'는 타일을 자르고 남은 부분을 의미하는 'はんぱ[半端: 함빠: 전부가 갖춰지지 않음 또는 그 물건, 불완전함, 불완전한 것, 어중간한 것, 반편이, 멍청이]' 등의 뜻으로 현장에서 다양한 용도로 사용되고 있다.

즉, '자르고 남은 부분'을 의미하거나, '그런 일을 하는 작업 자체' 또는 '타일 작업의 초보자'라는 뜻으로도 사용되고 있다.

또한, '유가'라는 용어를 발견했는데, 언뜻 우리말 같으나 일본어에서 온 용어임을 알 수 있었다.

타일 바닥에 물 빠지는 곳을 구멍 난 '스테인리스 스틸'이나 '플라스틱'으로 미려하게 덮어 놓고 냄새도 올라오지 못하도록 하는 곳을 의미하는 것으로 볼 때, '바닥 작업' 중의 하나이므로 일본어 '유카'에서 유래한 것이라고 보인다.

'ゆか[床・牀: 유카: 마루, 바닥]'라는 뜻으로 이 단어의 뒤에 '작업'

이라는 단어를 붙여서 '유가 작업'이라고 하고, 줄여서 '유가'라고 하면 물 빠지는 '수챗구멍 덮개'라는 뜻으로 사용하게 된 것이다.

또한, '쿠사비'는 타일과 타일 사이의 간격이 일정하게 되도록 작업 시에 임시로 끼워 넣는 플라스틱 재질의 '작업 소모품'인데, 이 또한 'くさび[楔: 쿠사비]'라는 일본어에서 온 것으로 '쐐기, 비녀장' 등을 의미한다.

'오야지' 또한 제법 광범위하게 사용되는 일본어에서 유래한 용어로 'おやじ[親父: 오야지]'라고 쓰고 읽으며, '성인 남자가 허물없는 사이에서 자기 아버지를 일컫는 말 또는 직장의 책임자, 가게 주인, 노인 등을 친근하게 부르는 말'에서 유래하였다. 그러나, 비슷한 단어인 '오야'는 조금 그 뜻이 다르다. 'おや[親: 오야]'는 '어버이, 부모, 선조, 원조, 사물의 근본'이라는 뜻이다.

18. 멘스

여성의 생리를 요즘은 '그날'이라든가, '요술에 걸린 날'이라든가 하는 말로 비유해서 말하고는 하지만, '멘스'라는 말로도 많이 쓰는 듯하다.

이 말의 유래 또한 일본어 외래어 표기법에 따른 것이다.

원어는 독일어인 'Menstruation(멘스트루아치온)'인데 이를 줄여서 'メンス[멘스]'라고 쓰게 되면서 '은어'처럼 쓰게 된 것을 우리가 그대로 도입하여 사용하였다.

일본에서는 'メンゼス[멘제스]'리고도 하는데 이는 '라틴어'의 'menses'에서 유래한 것이다.

19. 모나까

어렸을 때, '모나까 빵'이라고 하면서 어머니가 주셔서 먹어 본 기억이 난다.

동그란 모양의 국화빵 크기 정도의 바삭바삭한 종기 모양의 얇은 과자 비슷한 용기로 위아래를 덮고(마치 스티로폼 느낌의 과자 형태) 그 속에 팥소를 듬뿍 넣어서 한입에 먹기 쉽게 만들어진 작은 팥빵 비슷한 형태의 식품을 말한다.

이 또한 일본어 'もなか[最中: 모나카]'에서 유래하였다.

일본에서는 식사 후의 후식으로 나온다고 한다.

20. 모도시

'다시 원위치로 돌린다.'라는 의미로 과거부터 '전문 운전기사들'이나 '운전교습소 교관' 등이 사용하는 단어이다.

"핸들, 모도시! 모도시 해~!"라고 하면 '핸들을 원위치로 풀어서 돌려.'라는 뜻이다.

일본어의 동사 'もどす[戻す: 모도스: 되돌리다, 갚다, (먹은 것) 토하다, 게우다]'에서 유래하여 명사형인 'もどし[戻し: 모도시: 되돌림, 원위치시킴]' 등의 뜻으로 사용된다.

21. 모비루, 모비루유

예전에 자동차 정비공장 등에서 '모비루'라고 하면 '석유, 등유' 또는 자동차용 윤활유를 의미하였다. 지금도 연세를 좀 드신 분들은 이 단어를 종종 쓰시는 것 같다.

기름 묻은 자동차 부품을 세척하거나 공구를 닦거나 할 때 사용하는 일종의 세척제로 등유나 경유를 사용하였고, 자동차 '윤활유'로도 이 말을 혼용하였다. 이 말 또한 일본어에서 사용하던 외래어가 우리나라에 그대로 도입된 것이다.

여기서 '모비루'는 미국 석유회사인 '쉘(Shell)'의 '모바일 오일(mobile oil: 자동차용 유류)'을 일본어의 가타카나로 'モビルゆ[モビル油: 모비루유: 모빌유(자동차 따위 엔진의 윤활유)]'라고 쓰고 읽은 데에서 유래하였다.

석유 회사이므로 '휘발유, 중유, 경유, 등유'를 비롯하여 '윤활유' 까지 만들어 공급하였으므로 '모비루' 하면 기름의 통칭으로 사용되었다.

22. 모지방

우리가 친구들과 어울리며 상대방의 얼굴이나 제삼자의 얼굴을 평가할 때, 조금 속되게 표현하는 말 중에 "와~! 모지방 좋다." 라든지 "쟤는 모지방이 안 돼서~"라고 표현할 때가 있다.

이 말 역시 일본어에서 온 것인데, 한자로 '文字板(문자판)'이라고 쓰고 일본어로 'もじばん[모지방]'이라고 읽는다. 여기서 '모지방'은

시계의 '숫자와 바늘이 들어가는 전면의 판'을 의미하는데 이것이
사람의 얼굴에 해당하므로 그렇게 비유한 것이다.

23. 모찌꼬미

운수업에서 많이 사용하는 용어인데, 예를 들어 기존의 택시
회사에 내 돈을 투자하여 택시를 구입하도록 하여서 '그 택시 회
사 명의'로 운영하는 경우에 흔히 '지입 택시'라는 말을 쓴다.

바로 이 '지입'이라는 단어가 한자로 '持入'이며 이를 일본어로
읽으면 '모찌꼬미'가 되는 것이다.

'もちこみ[持ち込み: 모찌꼬미]'라고 일본식 한자로 쓰는 것이 조금
다르지만 바로 이 단어로부터 유래하였다. 그 뜻은 '가지고 옴, 지
참'이라는 뜻이다.

24. 모찌떡

우리말 형태에는 이처럼 같은 의미의 단어가 두 개 중복되면서
그 느낌이 달라지거나 강조되는 단어들이 꽤 있다. 이런 것을 '겹
말'이라고 한다.

'모찌떡', '사시숟갈' 등이 그것이다.

이 두 단어의 공통점은 앞에 오는 단어가 뒤의 단어를 수식하
는 형태가 되면서 같은 물건이지만 조금 다른 물건을 의미하게 되
었다는 것이다.

여기서 '모찌떡'의 '모찌'는 일본어로 '떡'이다. 그런데 '모찌떡'이

되면 다른 개념의 '일본식 떡'이 되는 것이다.

7장에서 다시 설명할 '사시숟갈'도 마찬가지로, 여기서 '사시'는 일본어 원발음으로는 '사지[さじ]'이며 '숟갈'이라는 뜻이다. 일본에서 도입된 작은 '찻숟갈'을 '사시숟갈' 또는 '사시수저'라고 하면서 밥 먹을 때 쓰는 '숟갈'과는 다른 개념의 '찻숟갈'을 의미하게 되었다.

25. 몸뻬바지

주로 밭이나 시장에서 일하시는 나이가 좀 드신 아주머니나 할머니들이 많이 입으시는 바지이다. 예전에 인기 텔레비전 프로인 〈전원일기〉에서 보면 '일용이 엄마'나 동네 아주머니들이 일할 때 주로 많이 입고 등장했던 바지이다.

이 또한 일본어인 'もんぺ[몸뻬: 여성들이 밭일, 나들이 때 편하게 입는 바지]'로부터 유래하였다.

26. 무데뽀

"저 친구 진짜 무데뽀다." 또는 "무데뽀로 그렇게 하면 어떻게 하냐?" 등 한마디로 '무식하게 행동한다.', '무분별하게 행동한다.', '무조건적이다.' 등의 뜻으로 사용되는 용어이다.

이 말 또한 일본어에서 왔다.

'むてっぽう[無鉄砲: 무텟뽀오: 앞뒤 생각 없이 무턱대고 하는 모양, 분별이 없음, 무모함]'가 그것이다.

사용 예는 다음과 같다.

'むてっぽうなひと[無鉄砲な人: 무텟뽀오나히토: 분별없는 사람]'

'むてっぽうなおとこ[無鉄砲な男: 무텟뽀오나오토코: 무모한 사나이]'

이처럼 일본에서 쓰고 있는 단어이므로, 우리말에서도 거의 정확하게 사용하고 있는 경우라고 하겠다.

여기서 'てっぽう[鉄砲: 텟뽀오]'라는 것은 '총, 총포류(類)'를 의미하는데, '無鉄砲'라고 하면 '총도 없이 전쟁에 나가는 모양'을 비유한 말임을 알 수 있다.

27. 무시고무

자전거를 타 본 사람이라면 누구나 한 번쯤은 들어봤을 단어이다. 자전거 바퀴에 바람을 넣을 때 사용하는 밸브 안에 들어가는 고무 재질 부품 중의 하나이다.

그 형태가 노랗고 가느다란 벌레 모양으로 생겨서 일본 사람이 붙인 이름이다.

여기서 '무시'는 일본어로 '벌레'를 의미하는데, 'むし[虫: 무시]'라고 쓰고 읽는다.

'고무' 또한 일본이 처음 도입 당시 네덜란드어 'gom'을 'ゴム[고무]'라고 가타카나로 표기하면서 우리에게도 '고무'라고 전해졌다.

28. 묵찌빠

'가위바위보'와 더불어 어린이들이 모여서 하는 손놀림 놀이의 하나이다.

놀이 방법에는 약간의 차이가 있으나 '묵찌빠' 역시 일본어에서 유래한 것이다.

일본어로 'ぐうちょきぱあ[구우쬬끼빠아]'라고 쓰며, 'ぐう'는 '바위'를, 'ちょき'는 '가위'를, 'ぱあ'는 '종이(보자기)'를 의미한다.

이것이 '구우쬬끼빠아→묵찌빠'로 변형된 것이다.

29. 미깡

요즈음은 '귤'이라고 대부분의 사람이 말하지만, 가끔 연세를 좀 드신 분들은 '미깡'이라고도 한다.

이 말 역시 일본어의 'みかん[蜜柑: 미깡]'에서 왔으며 '귤나무, 귤'을 의미한다.

우리말로는 '밀감'이라고도 하는데, 그 한자는 '蜜柑(밀감)'으로 동일하다.

30. 미국

지금 우리의 가장 가까운 우방인 '미국'. 한자로는 '아름다울 미'를 써서 '美國'이라고 쓰지만, 어떻게 해서 'United States of America(유나이티드 스테이트 오브 아메리카)'를 전혀 다른 '미국'이라고 쓰게 되었을까? 정말 미국이 그만큼 아름다운 나라여서였을까? 대답은 "아니다."이다.

이 역시 일본의 영향을 받아서 그렇게 쓰게 된 것이다.

일제 강점기에 일본은 미국을 '아메리카[アメリカ]'라고도 부르고 '米国[べいこく: 베이코쿠]'라고도 불렀다. '쌀 미(米)' 자를 쓴 이유는 미국에서 쌀이 많이 나고 일본이 수입을 많이 했기 때문이기도 했지만, 당시의 적국인 미국을 약간 비하하는 의미도 포함되어 있었다. 그러나 우리나라의 해방에 크나큰 영향을 준 '미국'인 만큼 '쌀 미'보다는 같은 발음이 나는 '아름다울 미(美)'를 사용하게 된 것이다.

31. 미루꾸

저자가 어릴 때, '미루꾸' 하면 작은 사각형 형태의 '캐러멜'을 의미하였다.

지금도 어쩌다가 한 번씩 듣는 단어인데, 이 또한 일본이 외국으로부터 받아들인 외래어이다. 이것이 우리에게 그대로 구전된 것이다.

원래의 뜻은 영어로 'milk candy(밀크 캔디)'인 것을 'ミルクキャンディー[미루꾸캰디]'로 표기했는데 이것을 줄여서 '미루꾸'라고 하게 되었다.

32. 미소국, 미소 된장

여기서 '미소'라는 것은 일본어로 '된장'을 의미한다.

그래서 '미소국'이라고 하면 '일본식 된장국'을 의미하게 되었고, '미소 된장'이라고 하면 일본식 된장을 의미하게 되었다.

예전에는 각각 '왜된장국', '왜된장'이라고 했던 것이 시대의 흐름에 따라 변한 것이라고 본다.

'みそ[味噌: 미소]'라고 쓰고 읽으며 '일본 된장'을 의미한다.

33. 미쓰꾸리

우리가 흔히 짐을 싼다고 표현할 때나, 대충 감싸서 포장한다고 할 때, "미쓰꾸리해서 보내!", "대충 미쓰꾸리 해버려~!"라는 표현을 쓴다.

이 말 또한 일본어의 'にづくり[荷作り: 니즈꾸리]'에서 유래하였다.

그 의미는 '짐을 쌈', '짐 꾸리기'이다. 이것이 '니즈꾸리→미쓰꾸리'로 변한 것이다.

34. 미쓰나우시

군대에서 내무반 청소를 할 때, '깨끗이 바닥을 닦아라!'라는 의미로 "미쓰나우시 해."라고 표현하기도 하고, 얼굴 전체를 많이 다쳐도 "얼굴 전체가 완전 '미쓰나우시'되어 버렸다."라고 속되게 표현하기도 하였다.

이 또한 일본어 'みず[水: 미즈]'와 'なおし[直し: 나오시]'에서 비롯된 말이다.

전자의 뜻은 '물', 후자의 뜻은 '고침 또는 바로잡음'의 뜻이니, '물청소'를 의미한다. 그러므로 앞에서의 예문의 뜻은 각각 '물청소 해라.'와 '얼굴 전체가 물걸레로 밀듯이 문질러져서 상처가 났다.'

라는 뜻이라고 할 수 있다.

35. 미싱, 미싱사

재봉틀을 우리는 '미싱'이라고도 부른다. 전문적으로 재봉틀을 사용하는 업체에서는 특히 더 '미싱'이라는 용어를 많이 쓴다.

영어 같기도 하지만 도입 과정에서 일본을 거치면서 일본어 표기법으로 쓴 것을 우리가 그대로 사용한 것이다. 원래의 영어로 재봉틀은 'sewing machine(소잉 머신)'인데 일본어로 표기하면서 'ソーイング マシーン[소-잉구 마싱]'이라고 표기하였으나 단어가 길다 보니 줄여서 'マシーン[마싱]'이라고 하였고 이것이 발음 편의상 변화되어 'ミシン[미싱]'이라고 쓰게 된 것을 우리가 그대로 도입하여 쓰게 된 것이다. 물론 '미싱사'는 그것을 다루는 사람을 말한다.

36. 미아이

요즘 말로 하면 "맞선을 보다.", "일 대 일로 미팅을 하다."라고 하여 남녀를 소개하는 자리를 한 세대 전만 해도 '미아이'라고 했다. 지금도 70세 전후의 분들은 이런 표현을 가끔 쓰는 것을 볼 수 있다.

이 말 역시 일본어의 'みあい[見合い: 미아이]'에서 온 것으로 '맞선, 맞선 봄'의 뜻이다.

6장

'ㅂ, ㅃ'으로 시작하는
단어들

1. 바께쓰, 빠께쓰

물을 받아서 쓰는 중간 정도의 통을 흔히 우리는 '바께쓰'라고 많이 써 왔고 지금도 자주 쓰고 있다. 여기서 '바께쓰'는 영어의 'bucket(버킷)'이다.

이 단어의 일본어 표기법이 'バケッツ[바켓쓰]'인 것이다.

'bucket'이라고 하면 요즘은 '버킷 리스트(bucket list)'라는 용어로 더 잘 알려져 있다. 이 단어가 '죽기 전에 꼭 해 보아야 할 것들의 리스트'라는 것은 잘 알려진 사실이다. '버킷'이 자살용 도구로 사용된 것에 비유한 것인데, 같은 영어 단어인데도 도입 시기에 따라 이렇게 발음과 용도가 상이하게 달라진다는 것은 참 재미있는 일이다.

2. 바라시

기계를 다루는 분들이나 물건을 만드는 분야에서 기계나 제품을 분해해서 재조립할 경우에 "바라시한다."라는 표현을 쓸 때가 있다. '완전 바라시'라고 하면 '분해한다.', '완전 분해'라는 뜻이다. 이 말 역시 일본어에서 온 것인데, 'ばらす: 분해하다, 해체(解體)하다.'에서 유래한 명사형 'ばらし'가 우리에게로 구전된 것이다.

3. 바란스

영어의 'balance(밸런스)'에서 온 단어이다.

만일 영어에서 바로 우리말의 외래어가 되었다면 '밸런스'라고 되었을 것인데, 일본식 외래어 표기법에 의해서 만들어진 것이 우리에게 그대로 전달된 것이다.

'バランス[바란스]'라고 쓰고 읽는다.

4. 바리깡

이발소에서 머리를 깎을 때 주로 많이 쓰는 '바리깡'. 이 단어도 알고 보면, 과거 일본이 서양으로부터 머리 깎는 기계를 도입할 때 외래어를 일본어로 표기하는 과정에서 프랑스어 'Bariquand et Marre'를 일본어 표기로 하다 보니 'バリカン[바리캉]' 이라고 표기하게 되었고 우리도 그대로 '바리깡'이라고 말하게 되었다.

그런데, 여기서 재미있는 점은 'Bariquand et Marre'는 머리 깎는 기계를 만드는 '회사의 이름'이지, '기계 이름'이 아니라는 것이다.

이는 마치 '굴삭기'를 '포크레인'이라고 부르게 된 것과 같은 이치이다.

'포크레인' 역시 'Poclain'이라는 굴삭기 '제조 회사'의 이름이다.

5. 바지사장

'바지사장'이라고 할 때 왜 '바지'라는 뜻이 '명색만 사장'이거나 '뒤에서 조종을 받아서 움직이는 사장'이라는 뜻이 되었을까 하는 의혹을 가졌던 적이 있는데, 어느 때인가 신문에서도 이것을 잠깐 다룬 기사를 보았다.

그때 기억으로는 영어에서 'barge(바-지)'라고 하면 '바지선'을 의미하는데 스스로의 동력은 없고 다른 배가 끌어줘야 움직일 수 있다는 데서 그런 의미로 '바지사장'에 비유 및 사용되었다고 설명했던 것으로 기억한다.

그러나 그것만으로는 좀 부족하다는 생각이 들었다.

그래서 어떤 다른 단어에서 유래하지 않았을까 하는 생각을 하고 있던 차에 '핫보비징'이라는 일본어가 들어가는 대사를 일본 드라마에서 듣는 순간, "아! 혹시 저것이 '바지사장'의 어원이 아닐까?" 하는 생각이 머릿속을 스쳤다.

왜냐하면 '핫보비징'이란 것은 '八方美人(팔방미인)'의 일본식 발음이며 '바지사장' 이전에 유사하게 사용하던 '핫바지'라는 단어와 너무나도 유사하게 들렸기 때문이다.

우리는 '팔방미인'이라고 하면 '모든 분야에서 재주가 있는 사람'을 의미하지만, 일본어에서는 '어느 것 하나 제대로 하지 못하는 사람'을 의미한다.

우리말의 '핫바지' 또한 원래는 헐렁한 바지를 말하던 것이었는데, 어느 때부터인가 이처럼 '무엇인가 부족한 사람', '조종당하는 사람'이라는 의미로도 사용되고 있던 터였다.

과거 일제 강점기 때, 대화 중에 나오는 '핫보비징'의 발음이 문장의 흐름상 부정적인 의미가 있다는 것은 느끼지만, 정확한 발음을 몰랐던 데서 우리말에 흔히 사용되던 '핫바지'로 대체되어 구전되지 않았을까 하는 생각을 가져 본다.

'핫바지'가 그런 부정적 의미를 갖게 되고, 다시 줄여서 '바지'가 되고, '바지사장'이라는 용어로까지 발전된 것이 아닌가 생각된다.

6. 바킹, 고무 바킹

우리가 일상생활에서 '고무 바킹'이라고 자주 사용하는 단어 중 '고무'는 네덜란드어의 'gom(곰)'을, '바킹'은 영어의 'packing(패킹)'을 일본식 표기법인 'ゴム パッキン[고무빡킹]' 또는 'ゴム·パッキング[고무빡킹구]'로 표기하고 읽은 것을 우리가 그대로 받아들여 사용하게 된 것이다.

7. 반네루

이 단어 역시 영어의 'panel(패널)'에서 온 것인데, '사각으로 된 나무, 유리, 금속의 판'을 의미한다. 일본식 외래어 표기법에 따라서 작성된 'パネル[빠네루]'로부터 유래하였다. '빠네루→바네루→반네루'로 변하였다.

8. 반도

'반도' 역시 영어의 'band(밴드)'에서 온 것으로 '악단, 끈, 띠, 묶는 것' 등 여러 가지 뜻이 있으나 우리가 흔히 '반도'라고 쓸 때는 '끈, 띠, 묶는 것'을 의미한다.

일본어 표기로 'バンド[반도]'라고 쓴 데서 유래되었다.

9. 반생이

공사 현장에서 자주 사용되는 용어이다.

주로 철근 작업을 할 때 많이 사용되는데, 철근을 조립할 때 사용하는 철사를 의미하기도 하고 그 작업을 의미하기도 한다.

여기서 '반생이'는 이때 사용하는 '철삿줄의 굵기'를 나타내는 '~번선(番線)'의 일본어 표기인데, 우리가 앞글자는 생략하고 뒷글자인 '번선'만을 사용하면서 지금의 의미가 된 것이다. 일본어 사전을 찾아보면, 'ばんせん[番線: 반센: 번선, 굵기에 따라 붙인 철사의 번호]'라고 되어 있다.

'반센→반생→반셍이→반생이'와 같이 변한 것이다.

10. 밤바

우리가 '자동차 밤바'라고 가장 많이 사용하는 단어이다.

이 역시 영어의 'bumper(범퍼)'에서 온 것으로 일본어 표기로 'バンパー[밤빠-]'라고 쓰고 읽으며 '기차, 자동차 등의 전후 방향 충격 흡수기'를 뜻한다.

'밤빠→밤바'로 변하였다.

11. 밧데리

자동차의 전기 저장 장치인 '밧데리', 요즘은 '배터리'라고 많이들 발음하지만, 아직도 급하면 무심코 '밧데리'라고 나오는 단어이다.

이것도 일본이 먼저 도입하여 영어를 일본어 표기법으로 쓰다

보니 'バッテリー[밧테리-]'라고 표기한 것을 우리가 그대로 발음한 것이다.

12. 방가로

우리의 많은 서양식 외래어가 일본을 통하여 들어오다 보니 '방가로' 역시도 일본식 발음으로 사용하게 되었다. 영어로는 'bungalow(벙갈로우)'인데 일본어로 표기하는 과정에서 'バンガロー[방가로-]'라고 쓰게 되었으며 '여름에 산이나 바다에서 쓰는 간단한 집, 베란다가 있는 작은 오두막집'을 뜻한다.

13. 방까이

손해 본 것을 복구해야 한다고 할 때, "이번에는 꼭 '방까이' 해야 해~" 라는 식으로 말하고는 하는데, 이 말 또한 일본어에서 온 것이다. 'ばんかい[挽回: 방까이]'라고 쓰고 읽으며 '만회', '회복'을 뜻한다.

14. 빠가

바보나 멍청이 같은 사람을 우리는 흔히 "빠가 같은 놈."이라고 지칭한다.

이 말은 언뜻 발음만 들어도 일본어에서 유래한 것을 쉽게 알 수 있을 것이다.

일본어로 'ばか[馬鹿: 바카]'라고 쓰고 '어리석음, 바보, 멍청이'를 의미한다.

한편, 한 가지 재미있는 것은 요즘 우리들이 많이 사용하는 말 중에 "딸바보 아빠다."라는 표현이 있는데, 일본어에도 'おやばか[親ばか: 오야바카]'라는 단어가 있다. '자식이 귀여운 나머지 부모로서 저지르는 어리석은 짓 또는 그런 부모'라는 뜻이며 "まったくの親ばかだ(맛다쿠노오야바카다: 말 그대로 자식 바보다)."라는 형식으로 사용하고 있다.

사람 사는 세상은 나라는 달라도 행동 양식은 똑같은가 보다.

15. 빠구리

"빠구리 친다."라는 표현을 군대에서 많이 들어본 것 같다. 특히 지방 출신의 병사들이 주로 사용하는 것을 들은 적이 있다.

그들은 주로 부모나 선생님이 알면 안 되는 행위를 저지를 때, "빠구리 친다."라는 표현으로 많이 쓴 것 같다.

그래서 그 어원을 찾아보니 분명 일본어에서 온 것이 확실했다.

'ぱくり[빠쿠리: (가게 물건 등의) 들치기, 어음 따위를 사취하는 일]'이라는 뜻이다.

바로 이러한 부정적인 뉘앙스가 전달되면서 '나쁜 행위'를 지칭하는 단어가 된 것이다.

16. 빠꾸 오라이

자동차가 후진할 때 밖에서 운전자를 도와서 조언하며 너무나 자연스럽게 자주 사용하는 용어이다.

이는 영어의 "back, all right(백, 올 라잇)"을 일본어로 표기할 때 "バック, オーライ[박쿠, 오오라이]"라고 쓰고 읽은 데서 비롯되었다. "뒤로! 좋아!" 정도의 뜻이다.

17. 빠다

우유 가공식품 중의 하나인 '빠다' 역시 영어의 'butter(버터)'에서 온 것을 일본식 발음으로 'バター[바타-]'라고 표기하면서 그대로 우리에게 전달된 것이다. '바타→빠다'로 변하였다.

18. 빠릿빠릿

의태어서 얼핏 보기에는 우리말 같으나 일본어의 'ぱりぱり[빠리빠리]'에서 온 것으로 보이는 단어이다. 일본어로는 '원기 왕성하고 외모가 좋은 모양', '민첩하고 단정한 모양', '새롭고 구김살이 없는 모양'이라는 뜻으로 우리말에서 사용하는 용법과 너무나도 닮았기 때문이다. 어쩌면 역으로 우리말을 일본이 받아들인 것인지도 모르겠다.

19. 빠루

공사장에서 쓰는 굵고 큰 못을 뽑아내는 '큰 지렛대'를 흔히들 '빠루'라고 부른다.

이것은 영어로 '쇠 지렛대'를 'crowbar[크로우배]'라고 하는데 이

깃을 일본이 받아들이는 과정에서 일본이로 'クロー バール[크로-바-루]'로 표기하게 되었고, 사용 편의상 줄여서 'バール[바-루]'라고 하였다. 이를 우리가 받아들이는 과정에서 된소리로 변하여 '빠루'라고 부르게 되었다.

20. 빠찌, 빳지

이 역시 영어의 'badge(배지)'를 일본식 표기로 'バッジ[밧지]'로 쓴 것이 우리에게 그대로 구전되어 사용된 것이다.

21. 빠찡꼬

도박장에 간다고 할 때 "빠찡꼬장에 간다.", "빠찡꼬 하러 가자." 라고 말하기도 하는데, 발음에서도 금세 알 수 있듯이 이 역시 일본어의 'パチンコ[일본 고유어 ぱちんこ: 고무줄 새총]'에서 비롯되었으나 우리나라에서는 '슬롯머신'이라는 뜻으로 와전되어 사용되고 있다. 하지만, 일본에서는 '쇠 구슬을 자동으로 튕겨서 점수를 올리는 장치'를 뜻하며, 이러한 기계를 여러 대 설치해 놓은 곳을 '빠찡꼬장'이라고 한다. 일본에서는 빠찡꼬장이 대단한 성황을 누리고 있다.

22. 빠킹(3장 49항 '뒷담화' 도표 참조)

23. 빠타

여기서 '빠타'의 뜻은 '상대국과 수출입액의 균형을 도모하는 구상무역', '물물교환(物物交換)'을 말한다. 이 역시 영어의 'barter(바터)'를 일본식 표기로 'バーター[바-타-]'라고 표기했는데 우리가 그것을 그대로 발음하여 쓰고 있는 것이다.

24. 빤쓰, 빤쯔, 빤쭈

지금도 흔하게 '빤쓰'나 '빤쭈'라는 단어를 '속바지'라는 뜻으로 많이 사용하고 있다. 그러나 이 단어의 어원은 영어의 'underpants(언더팬츠)'에서 유래한 것인데, 이를 일본인이 도입하여 사용할 당시에 그들의 표기법으로 'パンツ[빤쓰]'라고 쓰게 되었고 이를 우리가 그대로 받아들여서 쓰게 된 것이다.

그러나 원래 영어의 'pants(팬츠)'는 미국식 영어에서는 '겉 바지'를 의미하고 영국식 영어에서는 '속바지'를 의미한다니 아이러니컬하다.

일본의 개화기 초기에는 미 대륙보다도 유럽 대륙의 영향을 많이 받았으므로 바지 속에 입는 속옷이라는 의미로 'パンツ'가 통용된 것이라고 본다.

한편, 속바지라는 뜻의 'パンツした[パンツ下: 판쯔시타]'가 사용 편의상 간단하게 줄여져서 'パンツ'만으로 쓰게 되었을 수도 있다.

그 외에 바지라는 의미로 'ズボン[즈봉]'이 있는데, 우리도 바지라는 의미로 '쓰봉'이라고 흔히들 쓰는 것을 볼 수 있다. 원래 이 '쓰봉'이라는 단어는 프랑스이 'jubon[쥐봉: 양복바지]'에서 유래한 것이다. 여기서도 '쓰봉' 속에 입는 속옷을 'ズボンした[ズボン下: 양복바지 안에 입는 속옷]'라고 하는 것을 보면 '빤쓰'의 유래는 '빤쓰시타'에서 유래했다고 보는 것이 더 타당할 것 같기도 하다.

여기서 'した'는 '下着[したぎ: 시타기: 속옷]'을 의미하는 줄임말이다.

요즈음은 '빤쓰'라는 단어 대신 '팬티'라고 하는 경향이 있는데 이는 'panties(여자용 속옷, 사용 예: 팬티스타킹)'에서 유래한 것이다. 바지의 형태가 두 갈래이므로 항상 복수 형태로 쓴다. 단수 표기는 'panty'이다.

25. 빵

우리가 일상생활에서 아주 많이 사용하는 '빵'이라는 단어도 그 어원을 찾아보면 일본의 외래어 표기를 우리가 그대로 받아들인 데서 비롯하였다.

일본이 포르투갈과 문호를 개방하고 상거래를 할 때 받아들인 빵을 의미하는 'pão(빠웅)'이라는 단어를 'パン[빵]'이라고 쓰게 되었고 우리가 이것을 그대로 받아들여서 사용하게 된 것이다.

26. 빵꾸

자동차나 자전거를 타다 보면 발생하는 타이어의 '빵꾸'. 우리는 이 용어를 너무나도 자연스럽게 사용하고 있다.

이 단어의 어원은 영어의 'puncture(구멍, 구멍 내다)'이다.

이것을 일본어에서 외래어 표기법으로 쓴 것이 'パンク[팡쿠]'이고 이것을 우리가 그대로 받아들여서 쓰고 있는 것이다.

27. 베니다판, 베니아판

목재 중에 '베니다판'이라는 것이 있다. 우리말로는 '합판'이라고 한다.

이 용어도 일본어에서 유래되었다.

원래는 영어로 'veneer board(베니어 보어드)'인데 일본이 이를 받아들이면서 'ベニア板[ベニアいた: 베니아이타]'라고 쓰고 읽게 되었다.

그것이 우리나라에 전해지면서 변하여서 '베니다'가 되고 그 뒤에 우리말 '판(板)'을 중복으로 사용하여 '베니다판'이라고 부르게 되었다. 이 단어 역시 의미가 중복되는 '겹말 현상'이 내포된 것이라고 할 수 있다.

'베니아이타→베니다→베니아판'으로 변하였다.

28. 벤또

지금은 '도시락'이라는 올바른 용어가 완전히 정착되었지만, 저자가 초등학교에 다닐 무렵만 해도 흔하게 사용되던 용어이다.

지금도 연세 드신 분들은 제법 사용하고 계실 것이다.

'べんとう[弁当: 벤토오: 도시락]'에서 유래되었다.

29. 뻬빠

물체의 표면을 연마해 내는 종이 형태로 된 도구를 부를 때 우리는 '사포'라는 우리말 대신에 '뻬빠'라는 말을 더 많이 사용한다. 하지만 이 용어는 영어의 'sandpaper(샌드페이퍼)'를 일본이 도입하여 표기하는 과정에서 'サンドペーパー[산도 페-파-: 사포(砂布)]'로 표기했는데 우리가 받아들이는 과정에서 줄여서 '뻬빠'라고 부르게 되었다. 아마도 과자 이름에도 '산도'가 있으므로 그것과 구분하기 위하여 뒤의 단어인 '뻬빠'만 사용하게 되었는지도 모른다.

한편, '뻬빠'의 거칠기를 표현하는 말 중에 '방'이라는 말이 있는데 이 또한 한자어 '番(번)'의 일본어 발음인 'ばん[반]'에서 유래한 것이라고 볼 수 있다. '반→방'으로 변한 것이다.

30. 뻰찌

우리가 가정에서 무엇인가를 고칠 때 자주 사용하는 공구 중에 '뻰찌'가 있다.

작은 물건을 강하게 잡는 역할을 하는 것으로 영어로는 'pinchers(핀쳐스)'라고 하는데 일본식 표기법으로 'ペンチ[뻰치]'라고 읽고 쓴 것을 우리가 그대로 도입하여 사용하는 것이다.

31. 뻥끼

요즈음은 '페인트'를 '뻥끼'라고 하는 젊은 사람들은 그다지 많지 않을 것이다. 그러나, 연세 좀 드신 분들은 예사로이 '뻥끼'라고 하고 "뼁끼칠한다."와 같이 일상용어로 사용하고 있다. 이 단어는 네덜란드어의 'pek(펙)'에서 유래하였다고 한다.

이 단어의 뜻은 원유를 정제하고 남은 '피치'를 뜻하는데 일본이 외래어로 받아들이는 과정에서 어떤 연유에선지 'ペンキ[뼁끼]'라고 오기하게 되었다고 한다. 그것이 그대로 우리나라로 전래되어서 '뼁끼' 하면 '피치'가 아닌 '페인트'를 의미하게 되었다.

한편, 이와는 다르게 대화 중에 "뼁끼치지 마!" 또는 "뼁끼 같은데?", "야, 임마! 나한테 뼁끼칠 생각하지 마!"라고 사용하기도 하는데, 이때의 의미는 '연막전술 부리지 마!', '무언가 숨기는 것 같은데?', '야! 숨길 생각하지 마.'라는 뜻이다.

이 말은 일본어에서 전래되었다기 보다는 'paint'를 '뼁끼'라고 발음하는 것과 같은 방식으로, 영어의 'feint(스포츠에서 상대방을 속이는 동작)'를 장난삼아 '뼁끼'라고 표현한 데에서 유래하였다. 저자 자신도 학창시절에 어디서 들은 적도 없는데도 이렇게 장난삼아서 친구들에게 '뼁끼'라는 속어를 사용했던 기억이 난다.

그 당시에는 권투가 지금보다도 훨씬 더 인기 있는 스포츠였는데, 텔레비전이나 라디오에서 중계방송을 할 때, 아나운서들이 "훼인트 모션을 하는 김기수 선수."와 같은 '방송 멘트'를 많이 구사하였으므로 아주 일반적이고 친숙한 단어에 속하였다.

32. 뻥끼통

'뻥끼'라는 단어에 '통'이 들어갔으니 '페인트통' 정도로 이해하면 될 것 같지만, 이것은 감방에서 사용하는 '변기통'의 속어이며 물론 일본어에서 유래하였다.

'べんき[便器: 벤키: 변기, 요강]'라고 쓰고 읽는데, 여기에 우리말인 '통(桶)'이 붙여져서 만들어진 단어이다.

33. 보루

우리가 너무나도 자연스럽게 사용하는 단어인 '담배 한 보루'라고 할 때의 '보루'. 전혀 그 어원을 생각해 보지도 않고 무심코 쓰고 있었던 단어이다.

그런데, 이 단어 역시 영어를 일본식 표기법으로 표기한 것을 우리가 그대로 받아들여 쓰고 있는 것이다.

담배 10개를 포장할 때 사용하던 종이 이름이 'board paper(보드 페이퍼)'였는데, 이를 일본식 표기법으로 'ボール紙[ボールがみ: 보루가미]'라고 쓰고 읽었던 데에서 유래하였다. '보루가미'는 우리말로 하면 '판지', '마분지'를 뜻한다.

34. 보루바꼬

'가전제품' 등의 물건을 비교적 튼튼하게 포장할 때 사용하는 두꺼운 종이상자를 말한다. 이 단어 역시 바로 '보루'에서와 동일한, 'board(보드)'라는 영어가 들어간다. 원래의 영어 표기는

'paper board box(페이퍼 보드 박스)'인데, 일본식 표기법으로 하면서 'ボール箱[ボールばこ: 보루바꼬]'가 되었고, 그 형태가 여러 단으로 구성되어 있으므로 'だんボール箱[段ボールばこ: 단보루바꼬]'라고 부르게 되었다. 처음에는 우리도 '단보루바꼬'라고도 많이 하였으나, 줄여서 '보루바꼬'라고 하게 되었다. 우리말로는 '골판지 상자'가 정확한 표기이다. '바꼬'는 '상자'를 뜻하는 한자 '箱[はこ: 하코]'의 유성음화 발음이다.

35. 뽀록

어떤 일을 몰래 하려다가 들켰을 때, 조금 속된말로 "뽀록 났다.", "뽀록 되어 버렸다."라는 말을 종종 사용한다. 하지만, 이 말도 일본어에서 유래된 것이다.

원래의 일본어 발음은 'ばくろ[暴露: 바쿠로]'이나 'ぼうろ[暴露: 보오로]'라고도 발음하며 '비밀 등을 드러냄, 드러남.' 등의 뜻이다. 바로 이 발음 '보오로'로부터 유래되었다. '보오로→보로→뽀로→뽀록'으로 변하였다.

36. 뽕꾸라

우리는 엉터리, 얼간이, 엉터리 물건이라는 뜻으로 '뽕꾸라'라는 말을 속된 표현으로 쓴다. 이 단어 역시 일본어 'ぼんくら[봉쿠라]'에서 유래하였다.

일종의 속어로 '꼴통, 멍텅구리, 바보, 얼간이'라는 뜻이다.

37. 부레키

자동차 브레이크를 말하는 일본식 영어 표기가 '부레키'이다.

영어의 'brake(브레이크)'를 'ブレーキ[부레-키]'라고 쓴 데서 유래하였으나 지금은 비교적 영어 발음에 가까운 '브레이크'를 많이 쓴다.

38. 부로꾸

담이나 벽을 쌓을 때 많이 사용하는 벽돌을 흔히 '부로꾸'라고 하는데, 이 역시 영어 'block(블록)'을 일본식으로 읽은 것을 우리가 그대로 관용적으로 사용한 것이다.

일본 발음으로 'ブロック[부록꾸]'라고 쓰고 읽으며 '네모난 석재, 콘크리트 벽돌'을 의미한다.

39. 부로카

중개인을 의미하는 영어 'broker(브로커)'에서 유래한 일본식 표기법을 우리가 그대로 사용하는 용어이다. 'ブローカー[부로-카-]'라고 쓰고 읽는다.

40. 부르릉

의성어로 자동차나 오토바이가 출발하거나 달리면서 내는 소리를 말한다.

'부릉부릉'이라고도 표현하는데, 적어도 '부르릉'이라는 표현은 일본의 의성어 표기법과 너무나 유사하므로 우리도 모르고 쓰는 일본어에서 온 표현일 가능성이 크다.

　일본어 사전을 보면 'ブルルン[부루룽]'이라고 쓰고 읽으며 '고속으로 달리는 자동차나 오토바이의 굉음'을 나타낸다. 이 단어조차 일본어에서 왔다고 하기에는 너무나 일반화되어 버렸다.

41. 뿌라찌, 뿌랏찌

　"전화를 뿌라찌 해서 쓴다." 또는 "전선이 뿌라찌 되었다."와 같은 식으로 흔히 사용하는 단어이다. 앞의 말뜻은 '한 전화번호로 두 개의 전화기를 분기하여 쓴다.'가 되고, 뒤의 말은 '전선이 합선 되었다.'라는 뜻으로 사용되고 있다.

　이 말의 어원 역시 영어인데, 'branch(브랜취)'를 일본어로 'ブランチ[부란치]'라고 표기했는데, 이것이 '부란치→부랏치→뿌라찌'와 같이 변하였다.

　전선이나 전화선을 다룬다는 유사점에 의해서 '합선'이라는 뜻으로 일부 와전되어 사용되기도 한다.

42. 뿜빠이

　우리는 나누어 낸다는 말을 할 때 "이번에는 '뿜빠이'로 하자!"라든가 "뿜빠이다~!"라는 식으로 표현한다. 여기서 '뿜빠이'는 일본어 'ぶんぱい[分配: 붐빠이: 분배]'에서 온 말이다.

43. 브라자, 부라자, 브라

여성들이 가슴에 착용하는 이 제품의 명칭 표기법도 일본식 표기법에서 유래하였다.

프랑스어의 'brassière(브래지어)'를 일본이 받아들이면서 'ブラジャー[브라쟈]'라고 표기하였고 줄여서 'ブラ[브라]'라고도 사용하게 되었다.

예: 노브라

44. 삐까번쩍, 삐까리, 삐까삐까

우리가 좋은 물건을 표현할 때나 아주 새 물건을 표현할 때 "삐까번쩍하다." 또는 "삐까삐까한데?"라든지 "삐까리가 좋다."라는 표현을 쓸 때가 있다.

이 의태어도 언뜻 보기에는 우리말 같지만, 모두 일본어에서 온 것이다.

먼저 '삐까삐까'를 보면 일본어로 'ぴかぴか[삐카삐카]'라고 쓰고 그 뜻은 '광택이 나는 모양, 반짝반짝, 번쩍번쩍'이라는 뜻이다.

이 표현이 기본이 되어 우리말의 '번쩍'과 합하여 '삐까번쩍'이 되었고 '번쩍거리는 빛을 발하는 듯한 멋진 물건'을 표현하는 형용사가 되었다.

또한, 일본어에서 빛을 의미하는 'ひかり[히카리]'는 한자 '光(광)'의 일본식 발음인데, 여기로부터 우리말의 '빛깔'과 발음이 유사한 '삐까리'가 나왔다고 본다.

결국, 세 가지가 모두 '때깔'이 좋다는 표현을 할 때 사용하는 '의태 형용사'이다.

45. 삐꾸

"이건 영 삐꾸다." 또는 "이건 완전히 삐꾸 제품이다."라는 표현이 있는데, '영 안 좋다.'라는 의미로 쓰이는 말이다.

여기서 '삐꾸'도 일본어의 'びっこ[跛: 빗고: 절름거림, 절름발이, 짝짝이]'라는 단어에서 온 것으로 '다리를 저는 장애인'이라는 뜻이다.

'빗고→비꼬→삐꾸'의 형태로 변하였다.

46. 삐끼

손님을 호객하는 사람을 우리는 '삐끼'라는 속어로 표현하곤 한다.

이 말도 일본어 호객(呼客)을 의미하는 'きゃくひき[客引: 캬쿠히키]'에서 유래하였다. 자주 쓰는 단어는 대체적으로 줄어들고 발음하기 편하게 되는 경향이 있다.

따라서 자연스럽게 '캬쿠히키→히키→비키→삐끼'로 되었다.

47. 삐라

요즘은 광고 매체들이 많이 발달하여 굳이 '삐라'를 뿌릴 필요는 없다.

그 역할을 하는 것이 있다면 길에서 나누어 주는 전단지 정도일 것이다.

그런데 이 '삐라'의 이원에 대히여는 몇 가지 설이 있다.

첫 번째 가장 유력한 설은 영어의 'bill(빌)'이 '청구서'라는 뜻이 있지만, '법안, 전단 광고지, 벽보, 포스터'라는 뜻도 있으므로 이를 일본어로 표기하는 과정에서 'ビラ[비라]'라고 표현했다는 것이다.

두 번째 설은 일본어에서 유래했다는 설인데, '삐라'가 비행기에서 떨어지는 모양을 보고서 일본어의 '펄럭펄럭'에 해당하는 의태어인 'びらびら[비라비라]'로부터 왔다는 설이다.

어느 것이든, 우리가 일본 문화를 받아들이는 과정에서 일본의 것을 그대로 받아들일 수밖에 없었을 것이다.

48. 삥 뜯다, 삥땅 치다

"삥 뜯다."는 '불량배가 남의 돈이나 금품을 갈취하다.'라는 뜻이고 "삥땅 치다."는 '돈의 일부를 몰래 뒤로 돌려 사취한다.'라는 뜻으로 그 의미가 다소 다르다고 볼 수 있다. 하지만 이 두 가지 모두 일본어에서 온 것으로 추정된다.

일본어에서 'ピン[삥]'의 원래의 뜻은 주사위에서 '1'을 의미하는데, 이것은 포르투갈어의 'pinta(핀타)'에서 유래한 것으로 '점'을 의미한다. 주사위의 1번이 점 1개인 것에 비유한 것이므로 놀음에서 제일 좋은 숫자를 의미하였다. 따라서 '제일 좋은 것', '첫 번째'라는 의미를 갖게 되면서 '상대방이 가진 제일 좋은 것'이라는 의미로까지 변하였다. 바로 이 단어에 'はね[撥ね: 하네: 떼어냄]'를 이어 붙여서 'ピンはね[ピン撥ね: 삥하네]'라고 쓰면서 '전달할 돈이나 물건의 일부를 몰래 떼어먹음, 가로챔, 미리 떼어냄.'이라는 용도로 쓰게 되었고 이것이 우리에게로 전해져서 "삥하다.", "삥치다.", "삥을 뜯다."라고 우리말과 섞여서 '상대방의 돈을 갈취한다.'라는 의미가 되었다. 한편 '삥땅'은 조금 다른 의미가 되었는데, '삥'과는 달리 '땅'의 어원이 불분명하다. 그러나 저자의 추론을 조금 붙이자면 '땅'이 영어의 'turn(턴)'의 일본어 표기인 'ターン[탄: 선회, 진로를 바꿈]'에서 오지 않았나 생각된다. 즉 '탄→탕→땅'으로 변했을 가능성이 있다. 그렇게 본다면 '돈을 몰래 뒤로 빼돌린다.'라는 지금의 '삥땅'의 의미와 부합한다고 할 수 있다.

7장
'ㅅ'으로 시작하는
단어들

1. 사까닥질

물구나무를 서거나 몸의 균형을 잘 활용하여 신체를 거꾸로 세우는 기술을 의미할 때, "와~ 사까닥질 잘한다."라고 표현한다.

이때의 '사까닥질'은 '~질'이라는 어떤 '행위'를 나타내는 접미어가 있어서 마치 우리의 고유한 단어인 것으로 생각하기 쉬운데, 이 단어 역시 일본어에서 유래하였다.

'さかだつ[逆立つ: 사카다쯔: 거꾸로 서다]'가 동사형으로 이의 명사형이 'さかだち[逆立ち: 사카다찌: 거꾸로 섬, 곤두섬, 물구나무서기, 상하가 거꾸로 됨]'인데, '사카다찌→사까닥질'의 형태로 변하였다.

또한, 우리말의 표현에 '아무리 힘써서 해 봐야 네 능력으로는 안 된다.'라는 표현을 조금 재미있게 표현할 때 "너는 거꾸로 매달려도 안 돼~"라는 표현을 쓰는데, 일본어에도 'さかだちしても… できない[逆立ちしても… できない: 사카다치시테모… 데키나이: 아무리 애써도 (발버둥 쳐도) ~할 수 없다].'라는 형식의 우리말과 똑같은 표현방식이 있다는 것은 재미있는 사실이다.

2. 사꾸라

"저 사람은 완전히 사꾸라다."라든가 "사꾸라 짓은 하지 말아라."와 같이 사용하는 '사꾸라'는 과연 어디에서 유래한 것인가?

'사꾸라'는 분명히 일본어의 '사쿠라 꽃'에서 유래한 것임은 틀림없다.

일본어로 '사꾸라'라고 하면 여기에는 두 가지 뜻이 원래부터 존재했다.

첫 번째는 'さくら[桜: 사쿠라: 벚나무, 벚꽃]'이라는 일반적으로 잘 아는 뜻이 있고, 두 번째 뜻은 '바람잡이, 한통속, 박수꾼'과 같은 부정적 의미의 단어이다.

바로 여기서 유래하여 우리가 흔히 쓰는 '사꾸라'가 통용되게 되었다.

한편, 일본에서 말고기를 식용으로 자주 먹는다는 것은 많이 알려진 사실인데, 이 말고기를 일본어로 '사쿠라 니쿠[さくらにく: 櫻肉]'라고 하고 요리 이름을 'さくらなべ[桜鍋: 사쿠라나베: 말고기 냄비 요리]'라고 한다. 말고기의 색깔이 마치 사꾸라 꽃과 같은 연분홍색이라서 붙여진 이름이라고 한다.

혹시 이 같은 연유로 인하여 쇠고기와 유사한 고기인 말고기에서 '사꾸라'라는 뜻이 '바람잡이'나 '한통속'이라는 부정적인 뜻으로 사용되게 된 것이 아닌가 하고도 생각해 보게 된다.

3. 사그리

우리말에 "사그리 찾아내서 밝혀내!"라든지 "사그리 없애버려!", "사그리 불태워버려!"의 형태로 쓰는 부사인 '사그리'란 표현이 있다.

이때의 뜻은 '몽땅' 또는 '근본을 뿌리째', '아예 모든 것을' 등의 표현이라는 것을 알 수 있다. 하지만 이 단어 역시 일본어에서 유래하였다.

'사그리'와 발음이 같은 일본 단어를 찾아보면 'さぐる[探る·捜る:

사그뤼'라는 단어를 발견하게 된다. 이 단어의 뜻은 '뒤지다, 디듬어 찾다, 탐지, 탐색하다, 살피다, 찾다.'이다. 이 단어의 명사형이 'さぐり[探り: 사구리: 탐색함, 탐지, 의중을 떠 봄]'으로 우리말의 사용도와 그 느낌이 유사하다.

일본 형사가 무엇인가를 찾아낼 때의 자세가 우리의 개념보다 훨씬 세밀하고 조직적인 데에서 그 의미가 중복되지만 "사그리 찾는다."와 같이 부사적으로 사용하게 된 듯하다.

이것은 마치 '모찌떡', '사시수저' 때의 '겹말 표현'과 유사한 형태라고 할 수 있다.

4. 사라

음식점에서 "한 접시만 더 주세요!" 해도 될 것을 우리는 "이모~ 여기 한 사라 더 주세요~"라든가, "식 사라 하나 주세요~"라는 표현을 자주 쓴다.

이때의 발음이 '사라다'라는 음식과 유사하여 그다지 거부감 없이 사용하고 있는 듯하지만, 이 단어 역시 일본어에서 온 것이다.

'さら[皿: 사라: 접시, 접시에 담아 내놓는 요리, 접시 비슷한 모양의 물건]'

5. 사라다

우리가 즐겨먹는 '사라다', '사라다 빵' 등 영어의 'salad(샐러드)'를 일본이 도입하는 과정에서 'サラダ[사라다]'로 쓰고 읽은 것이 그대로 우리말에 도입되었다.

6. 사리마다, 사루마다

요즘은 '팬티'라고 많이 하지만, 예전에는 '빤쓰'라는 말을 많이 썼고 때로는 '사리마다 빤쓰'라고까지 썼다. 이때의 '빤쓰'가 영어의 'pants(팬츠)'에서 왔다는 것은 이미 6장에서 설명한 바 있다.

한편, 여기서 '사리마다' 또한 일본어에서 온 것으로 'さるまた[猿股: 사루마타]'라고 쓰고 읽으며 '팬츠, 잠방이'를 뜻한다.

따라서 '사리마다 빤쓰'라고 쓰는 것은 같은 단어를 중복해서 쓴 것이다.

이는 '역전앞'이라고 쓰는 것과 같은 경우이다. '역앞', '역전'이라고 해야 맞는 것을 '언어 습관'이나 '운율상'으로 그렇게 쓰는 경우가 많다.

7. 사바사바

우리말에서 '사바사바'라고 하면 '뇌물을 주다.'라는 뜻으로 통한다.

어감만으로도 일본어에서 온 것이 분명한데, 일본어에 있어서 뇌물은 '와이로[賄賂: 회뢰]'라는 단어가 따로 있다.

그러면 왜 이 '사바사바'가 우리말에서는 뇌물을 뜻하게 되었을까?

일본어 사전을 찾아보면 '사바사바'는 전혀 그러한 뜻이 없고 오히려 전혀 다른 뜻인 '성격이 시원시원한 모양, 상쾌하게, 후련하게'라는 뜻뿐이다.

그런데, 왜 '사바사바'가 그런 부정적인 뜻이 되었을까?

그것은 다음의 두 가지 설이 있다.

그 첫째는, 일본 속담에 'さばをよむ(사바오요무)'라는 문구가 있는데, 그것을 직역하면 "고등어를 읽는다."이다. 그 속뜻은 '수량을 속여서 이익을 탐하다.'이다. 그 이유는 '고등어를 빨리 세는 척하면서 그 수를 잘 속였기 때문'이라는 것이다.

그래서 '사바사바'가 뇌물이라는 부정적인 의미로 바뀌었다는 설이다.

그 둘째는, 일제 시대에 일본 순사에게 뇌물로 그 당시로는 고급 생선인 '고등어 한 손(2마리)'만 제공하면 웬만한 문제는 쉽게 해결할 수 있었던 데에서 사바사바(고등어 2마리이므로 '사바'가 아닌 '사바사바')가 뇌물이라는 뜻이 되었다는 것이다.

아무튼, 비린내 많이 나고 상하기 쉬운 생선인 고등어가 공교롭게도 '썩은 냄새가 나는 뇌물'의 뜻으로 되어버렸다면 그것은 더 재미있는 일이다.

8. 사시꼬미

전기제품에 전선으로 연결되어 전기를 공급하기 위해 꽂는 부위의 장치를 흔히들 '사시꼬미'라고 한다. 다른 말로는 외래어인 '플러그(plug)'라는 용어를 쓴다.

그러나 그 상대가 되는 벽에 있는 장치인 '콘센트'도 혼동해서 '사시꼬미'라고 쓰는 경우도 종종 있다.

어쨌든 '사시꼬미' 또는 '플러그'는 개념상 '수놈'에 해당하고 '콘센트'는 '암놈'에 해당한다.

그러나 이 '콘센트'라는 용어조차도 알고 보면 일본식 영어다.

미국에 가서 충전 좀 하려고 '콘센트'가 어디 있느냐고 묻는다면 알아듣지 못할 것이다. 왜냐하면, 영어로는 'power outlet(파워 아웃렛)' 또는 'receptacle(리셉터클)', 'power point(파워포인트)'라고 하기 때문이다.

'콘센트'에 대해서는 10장에서 좀 더 자세히 언급하기로 한다.

'さしこみ[差し込み: 사시코미: 찔러 넣음, 꽂음, 콘센트에 꽂는 부품, 플러그]'

'コンセント: 콘센트(플러그를 끼우는 구멍)'

9. 사시미

일본 음식의 대표적인 메뉴가 '사시미'이다.

듣기만 해도 금세 일본어라는 것을 잘 알지만, '회'라는 말보다는 '사시미'라는 말을 더 많이 쓰는 것 같다.

'さしみ[刺身: 사시미]'라고 쓰고 읽으며 그 뜻은 당연히 '생선회'를 뜻한다.

저자의 기억으로 언젠가 본 신문에 난 기사를 하나 소개하고자 한다. 일본 사람들이 사시미를 즐겨 먹게 된 데에는 고려의 영향이 컸다고 한다. 고려 시대에는 생선을 오래 보관해서 먹기 위하여 곡식, 향신료, 소금과 함께 절여서 먹는 오늘날의 '함경도 식해'와 같은 음식이 있었는데 이것이 일본으로 전해져서 세월의 흐름에 따라 지금의 '사시미'로 변했다는 것이다. 즉, 지금의 일본식

사시미는 원래는 생선을 잡은 후 절여 먹던 방식이었으나 점차 며칠 동안 선선한 곳에서 숙성시킨 후에 거의 날것으로 먹는 지금의 방식으로 바뀌었다고 하는 기사였다. 정확히는 어느 신문인지 기억하지 못하는 것이 좀 유감이다.

실제적인 역사에서도 임진왜란 이전의 일본에서는 생선을 날로 먹는 문화가 흔하지 않았고 단지 '나마스(膾, 鱠)'라고 하여 물고기나 육고기를 회로 쳐서 양념과 함께 버무려서 먹는 무침 요리가 있었다고 하는데, 임진왜란 이후에 수도를 지금의 '도쿄'로 옮긴 후부터 '사시미 문화'가 번성하였다고 한다.

10. 사시수저, 사시숟가락

우리말에는 두 개의 같은 의미의 단어가 중복되어 사용되는 경우가 종종 있다.

이 단어 또한, '수저'의 의미가 중복된 것이지만 뒤에 오는 '수저'를 수식하는 용어가 된 것이다. 즉, '사시'는 일본어의 'さじ[匙: 사지'에서 온 것으로 그 뜻은 '숟가락'이다. 그런데, 일본식 'ちゃさじ[茶さじ: 쨔사지: 찻숟가락]'이 도입되면서 우리의 '밥 먹는 숟가락'과 구별되게 작고 예쁜 형태를 하고 있었으므로 구분하여 사용하다 보니 그렇게 사용하게 된 것이다.

11. 산도

과자 종류 중에 '산도'라고 하는 과자가 있다.

두 개의 쿠키 사이에 크림을 넣은 형태로 '크림 샌드위치 쿠키'라고 하는 것이 더 정확할 것이다. 과자의 형태가 샌드위치 빵 형태여서 그런 이름이 붙여졌을 것이다.

그런데, 줄여 말하기 좋아하는 일본인들이 샌드위치(sandwitch)를 'サンド[산도]'라고 줄여서 쓰고 이것을 우리가 그대로 받아들여서 '산도'라고 쓰게 되었다. 심지어는 영어로 'sand(샌드: 모래)'라고도 쓰고 있다. 그 내력을 잘 모르는 외국인들이 본다면 모래로 만든 과자로 착각할지도 모르겠다.

12. 삼마이, 싼마이

앞서 '니마이'에서도 소개한 바 있는데, 연극이나 방송계에서 '니마이'가 비중 있는 역할이라면 '삼마이'는 비중이 작지만 오히려 '웃기는 역할의 배우'를 말한다.

그런데, 그 뜻이 조금 와전되어 '삼류 배우'와 같은 뜻으로 사용되기도 한다.

그러나 이 모두가 일본의 전통극인 '가부키 시바이[歌舞伎芝居: かぶきしばい]'에서 유래한 용어들이다. 줄여서 '가부키'라고 흔히 말한다.

이와 대비되는 용어는 '신파극(新派劇)'이라고 할 수 있다. 그러니, '가부키'는 일본에서 예로부터 내려온 '전통구극(傳統舊劇)'이라고 할 수 있다.

한편, 이 단어를 조사하는 과정에서 우리나라의 '개그(gag)계'에서도 일본어 유래의 단어들을 전문 용어로 사용하고 있다는 것

올 알게 되었다.

재미 삼아 몇 가지를 소개해 본다. 저자는 이를 통해 우리가 얼마나 뿌리 깊게 일본 문화의 영향을 받았거나 현재도 받고 있는지 알게 되었다.

[개그 분야에서의 일본어 유래 단어와 의미]

개그계의 용어	뜻	원래의 일본어 뜻	우리말
콘티	촬영용 대본, 방송용 대본	コンティニュイティー (continuity)	대본
구다리	중간 크기의 상황 장면	くだり [件: 쿠다리: 긴 문장의 한 절]	
시바이	소소한 상황 장면	しばい [芝居: 시바이] ひとしばい [一芝居: 남을 속이기 위한 계획적인 행동]	
니쥬, 니주	받쳐 주기, 도입부 등	にじゅう [二重: 니쥬우: 받침대]	
오도시	웃음이 터지는 장면	落穴 [おとしあな: 오토시아나: 함정, 덫]	
나래비	여러 명이 일렬로 서서 하는 상황 장면	ならび [並び: 나라비: 줄선 모양, 줄]	
나미다	슬픈 상황으로 미리 까는 도입부	なみだ [涙: 나미다: 눈물]	
기까끼	연기 상대자와의 호흡	きっかけ [切っ掛け: 킷카께: 동기, 계기, 꼬투리]	
다찌마리	치고 맞는 호흡 맞추기	たちまわり [立ち回り: 다찌마와리: 연극, 영화에서 난투 장면 연기]	

도다	몸개그, 슬랩스틱		
바레	'오도시'를 미리 알게 됨으로써 재미없게 됨	ばれ [바레: 발각, 들킴, 들통남]	
오까마	남자가 여장하거나 여자 흉내를 내는 것	おかま [お釜: 오카마: 남색(男色)]	
우라까이	마치 옷을 뒤집어 입듯이 다른 사람이 연출했던 상황을 모방함	うらかえし [우라까에시: 뒤집기]	

13. 삿보도, 삽보도

공사 현장에서도 상당히 많은 일본어의 잔재를 발견할 수 있는데, 그중의 한 가지가 이 단어이다. 삿보도는 콘크리트로 2층 이상의 바닥을 만들 때, 목재로 틀을 만들고 그 틀을 밑에서 받쳐주는 조립형 철제봉을 말한다. '아시바(8장 참조)'라고 하는 경우도 있는데, 특히 철재로 된 것을 '삿보도'라고 한다.

이것은 영어의 'support(서포트)'를 일본어로 표기할 때 'サポート[사뽀-토]'라고 표기한 것을 우리가 그대로 사용하면서 '사뽀-토→삿보도'로 변하였다.

14. 샤브샤브, 사부작사부작

샤브샤브는 일본 음식의 한 가지인데, 원래는 '말고기'를 부드럽게 먹기 위해 개발된 조리 방법이다. 참고로 일본에서는 말고기

를 '사쿠라니꾸[さくらにく: 桜肉]'라고 하는데, 고기를 얇게 썰었을 때의 색깔이 분홍색으로 '사쿠라 꽃'과 유사한 색깔이어서 나온 별칭이라고 한다. 우선 말고기를 얇게 자르고 끓는 야채 국물에 살짝 담가서 익혀 먹는 음식인데, 젓가락으로 잡고 살살 흔들어서 익히는 모양의 의태어로부터 나온 이름이라고 할 수 있다. 'しゃぶしゃぶ[샤브샤브]'라고 쓰고 읽는다.

또한 '사부작사부작'은 우리나라에서 '샤브샤브'의 영향에 의해서 자생적으로 생겨난 의태어로 보인다. 어떤 행동을 빠르지는 않지만, 눈에 띄지 않게 은근히 잘 진행하는 모양을 나타낸다.

사용 예: "무슨 일을 그렇게 혼자 '사부작사부작' 하고 있냐?"

15. 샷시

'알루미늄 샷시'라든가 '자동차 샷시'라고 할 때 자주 쓰이는 단어이다.

이 단어는 영어의 'chassis(채시)'에서 유래한 것인데, 영국식 발음이 '섀시'이고 미국식 발음은 '채시'이다. 그런데 이것의 일본식 표기법이 'シャーシ[샤-시]'로 '자동차 차대, 철, 알루미늄 대'라는 뜻을 갖는 데서 유래하였다.

'샤-시→샷시'와 같이 세월이 지나면서 변하여 사용되고 있다.

16. 세꼬시

비교적 작은 물고기의 생선회를 뼈째 살과 함께 잘라서 먹는 형태의 회를 우리는 '세꼬시'라고 부른다. 그런데 이 단어 역시 일본어에서 온 것이다.

'せごし[背越し: 세고시]'라고 읽고 쓰며 그 뜻은 '뼈가 연한 생선의 머리, 내장, 지느러미를 떼어 낸 후 뼈째 잘게 썬 것'이다. '세고시→세꼬시'와 같이 변하였다.

17. 세라복

소녀들이나 여자 중고생의 교복 스타일 중에서 '세라복'이라고 하여 해군복 스타일의 옷깃이 비교적 넓은 옷을 입는 경우가 있다. 여기서 '세라'는 영어의 'sailor(세일러)'를 일본식 발음으로 쓰는 과정에서 'セーラー[세-라-]'라고 쓰고 읽은 것을 우리가 그대로 사용하는 것이다. 그 뜻은 '선원, 수병'을 의미한다.

18. 세비로

마치 '준비해 둔 새 옷'을 의미하는 듯한 뉘앙스를 풍기는 이 단어는 양복 한 벌을 의미한다. 일본어로 'せびろ[背広: 세비로]'라고 쓰고 읽으며 '신사복 한 세트, 양복'을 말한다.

19. (돈을) 쎄비다

우리가 속되게 하는 표현 중의 하나로 "남의 돈을 쎄비다."라는

표현이 있다. 이 말의 뜻은 '남의 돈을 몰래 훔친다.' 또는 '갈취하다.'라는 표현이라고 할 수 있다. 그런데 이 말도 알고 보면 일본어에서 온 것이다. 즉, 일본어에 'せびる[세비루]'라는 동사어가 있는데, '뜯다, 조르다, 강요하다'라는 의미로서 돈과 관련된 예문에 많이 사용되고 있다.

예: '通行人から金品などをせびる[쓰꼬오닝까라 긴삥나도오 세비루:
    통행인으로부터 돈을 뜯다]'
    '小遣をせびる[코즈까이오 세비루: 용돈을 조르다]'

따라서 '세비루->세비다->쎄비다'로 변한 것이며 그 의미가 '몰래 훔치다.'로 와전되었다.

20. 센방
철재를 가공하는 회전 방식의 연삭 기계인 '선반(旋盤)'의 일본식 발음인데, 이 기계를 우리보다 먼저 도입한 일본이 영어의 'lathe(레이드)'의 제품 속성을 한자로 적용하여 '旋盤[せんばん: 센반]'이라고 명명한 데서 비롯되었다.

21. 센베
'센베'도 우리가 잘하는 '일본 과자'의 하나이므로 당연히 일본어에서 온 것이다.

그런데 재미있는 것은 '센베'의 한자어이다. '煎餠'이라고 쓰는데 우리말로 읽으면 '전병'으로 '부꾸미'라는 '부침개떡'을 의미한다. 그러나, 일본어 발음으로 'せんべい[센베에]'라고 읽으면, 전혀 다른 '얇은 부채 모양의 과자'가 된다. 더 재미있는 사실은 우리말에 자주 등장하는 '젠병'이다. "맛이 영~ '젠병'이다."라고 할 때의 '젠병'은 '전병'이 '이 모음 역행동화'에 의하여 그렇게 변한 것이므로 그 뜻이 같아야 옳을 것인데, 무슨 이유에서인지 '아주 맛없는 음식'을 일컬을 때 쓰는 말이 되었다.

동일한 한자어 '煎餠'을 두고 '센베'라고 읽으면 제법 맛있고 고소한 비교적 현대적인 과자가 되고, '전병'이라고 읽으면 '고소하고 맛있는 부침개떡'이 되지만, '젠병'이라고 하면 전혀 맛없는 음식이 되어 버리는 것은 참으로 재미있는 일이다. 언어 표현의 묘미를 보는 듯하다.

22. 센치, 센치미터

우리가 일상생활에서 무심코 쓰고 있는 '센치'라는 길이의 단위가 왜 '센티'가 아니고 '센치'일까 하고 의심해 보신 분들은 그리 많지 않을 것이다.

이 단어 역시 영어의 'centi(센티)'를 일본어로 표기하는 과정에서 'センチ[센치]'라고 밖에는 표기할 수 없었는데 이를 우리가 그대로 받아들여서 썼기 때문이다.

'centi(센티)'의 원뜻은 '100분의 1'이라는 뜻이므로 우리가 흔히

'1센치'라고 하면 '1/100미터(meter)'를 뜻한다고 할 수 있다.

23. 쎄루 모타

3장 21항 '데루등'에서 한 번 언급되었던 단어이며 자동차 부품인 '엔진 스타팅 모터'를 의미한다. 영어로 'self starting motor(셀프 스타팅 모터)'를 일본어로 표기하는 과정에서 'セルフ スタート モーター[세루후 스타-토 모-타-]'라고 썼는데, 단어가 길다 보니 앞의 두 글자 '세루'와 제일 뒤의 '모타'만을 따와서 줄여서 사용한 것이다.

24. 쎄루 카바

여기에서 '쎄루'는 앞항의 '쎄루'와는 영어의 그 어원이 다르다.

즉, 자동차 앞부분의 '라디에이터 커버'를 말한다.

그것을 영어로 'radiator cell cover(레디에이터 쎌 커버)'라고 하는데, 이 부품은 엔진의 열을 식혀주는 냉각 장치 중의 하나인 '라디에이터'의 미세한 격자 모양의 '라디에이터 쎌'을 덮은 '커버'에서 유래하였다.

일본어로 'ラジエーター セル カバー[라지에-타- 세루 카바-]'에서 앞 단어를 빼고 뒤의 단어만을 줄여서 사용한 데서 '세루 카바'라고 하게 되었다.

'라디에이터 커버'는 '라디에이터 그릴(radiator grille)'이라고도 한다.

25. 쎄리, 쎄리 달려!

특히, 경상도 지방에서 '쎄리'라는 단어를 '쎄게', '앞뒤 보지 말고'라는 뜻으로 주로 쓰는 것으로 보이며 "마~ 쎄리 달려 삐!"와 같이 많이 쓴다. 그런데 이 단어도 그 어원이 일본어에 있는 것으로 보인다. 왜냐하면 'せり[競り: 세리: 경쟁, 경합]'이라는 단어가 일본어에 있기 때문이다. 어떤 '경쟁이나 경합'이 붙었을 때는 앞뒤 가리지 않고 '경쟁적으로' 달릴 필요가 있으므로 그러한 뜻으로 우리말에 구전되어서 은연중에 우리말 같이 사용하게 되었다고 본다.

26. 쎄무, 쎄무 가죽

'쎄무' 또는 '쎄무 가죽'이라고 하면 아주 부드러운 가죽을 말하는데 영어 표기로는 'chamois'라고 쓰고 영국식 발음은 '섀미', 미국식 발음은 '섀므아'로 원래는 '유라시아의 산간 지방에 사는 영양류의 동물'이라는 뜻이다.

그런데 이 동물의 가죽이 워낙 부드럽다 보니 부드러운 가죽의 대명사가 되고 동서양을 불문하고 부드러운 가죽을 세계 공통어인 영어 발음으로 'chamois(섀므아)'라고 부르게 되었다. 그런데 이 단어의 일본식 표기법이 'セームがわ[セーム革: 세-무가와]'로 '부드럽게 다룬 영양(羚羊) 가죽'을 의미했는데 우리나라가 그 발음을 그대로 사용하다 보니 '쎄무, 쎄무 가죽'이 되었다.

27. 쎈치하다

우리는 조금 쓸쓸한 분위기를 연출하는 사람을 보고 "분위기가 쎈치하다."라고 한다.

여기서 '쎈치'는 영어의 'sentimental(센티멘탈)'로 '감상적인, 감상적이다.'라는 뜻인데 이를 일본어 표기법으로 'センチメンタル[센치멘타루]'라고 쓰고 줄여서 'センチ'라고 한 것을 우리가 일본 발음 그대로 사용한 것이다.

28. 쎗세쎄

어린이들이 노래하면서 놀 때, "쎗세쎄~ 푸~른~하늘 은~하수~"라고 노래하면서 둘이서 손을 맞춰가며 노는 모습을 자주 보았을 것이다.

그런데 이때의 '쎗세쎄'가 일본어에서 유래했다는 것은 잘 모를 것으로 생각된다.

일본어 사전을 찾아보면 'せっせっせ[셋셋세: 손뼉치기 게임, 두 손을 이용한 놀이]'라고 되어 있으니 놀라지 않을 수 없는 일이다.

29. 소데

우리가 어떤 수작업을 할 때 보면 옷의 소매가 거추장스럽지 않도록 하거나 보호하기 위하여 팔에 끼우는 '천과 고무줄'로 되어 있는 '덧소매 비슷한 물건'을 '소데'라고 한다. 이 말은 '옷소매'의 일본어 표현으로 'そで[袖: 소데]'라고 쓰고 읽는 것을 우리가 그

대로 구전으로 받아들여서 쓰고 있는 것이다.

30. 소데나시

2장 8항 '나시'에서 설명한 바 있다.

일본어로 'そでなし[袖無し: 소데나시]'라고 쓰고 '소매 없는 옷'을 의미한다.

즉, '소데'는 옷의 '소매'를 말한다.

31. 소도마끼, 우찌마끼

이는 미장원에서 많이 쓰는 말로 머리카락을 마는 형태를 구분하여서 하는 말이다.

'고데(이것도 일본어에서 유래했다. 1장 참조)'를 써서 머리카락의 끝을 말 때, 안으로 마느냐, 밖으로 마느냐에 따른 머리카락 형태에 대한 용어인 것이다.

'そとまき[外巻き: 소토마키: 머리털 끝이 바깥쪽으로 말림 또는 그런 머리형]'
'うちまき[内巻き: 우찌마키: 안말이, 머리끝을 안으로 말림 또는 그 머리형]'

32. 소라색

색을 표현하는 데에도 일본어가 제법 자주 쓰이고 있다.

여기서 '소라색'은 '하늘색'을 말하는데 '소라'는 일본어로 '하늘'이라는 뜻이다.

'そら[소라]'라고 쓰고 읽는다.

33. 소바

일본식 메밀국수를 우리는 '소바'라고 한다.

당연히 일본어에서 온 것이며 'そば[蕎麦]'라고 쓰고 읽으며 '메밀국수, 메밀'을 뜻한다.

34. 소보로빵, 소보루빵

저자가 어릴 때부터 제일 좋아하던 빵이다. 그때는 분명히 '곰보빵'이라고 했었는데 근년에 들어 어느 때부터인가 '소보로빵'이라고 부르고 있어서 프랑스어에서 온 것인가 하고 생각하던 차에 알고 보니 이것 또한 일본어에서 유래한 것이었다.

일본어로 'そぼろ[소보로]'라고 하면 '에그 스크램블의 외관 모양'을 뜻하기도 하고, '실 모양의 물건이 흩어져 엉클어지는 모양, 찐 생선을 으깨어서 말린 식품'이라는 뜻이기도 한데, 그 형상을 닮은 빵이라고 해서 '소보로빵'이라고 하게 되었다고 한다. 참고로 일본 음식 중에는 '鶏そぼろ[도리소보로]'라는 메뉴가 있다. 기계로 갈아서 으깬 닭 다리 살로 만드는 요리인데, 만든 후의 겉모양이 '우둘두둘'한 것이 '소보로빵'의 외관과 닮았다. 그런데 정작 지금의 일본에서는 '메론빵'이라고 부르는 빵이 있는데 그것이 더 우리의 '소보로빵'에 가깝다고 한다.

한편, 일본어 사전을 찾아보면 '소보로'가 아닌 '소보루'라고 발

음하는 'そぼるパン[소보루빵]'도 있는데, 이 단어 또한 '소보로빵'의
다른 이름이 아닌가 싶다.

아무튼, 일본어에서 유래한 빵 이름인 것은 확실하다.

35. 소지, 소지하다

우리는 청소한다는 말을 "소지한다."라고 종종 표현한다.

특히 연세를 좀 드신 분일수록 그렇게 말하는 경향이 있다.

이 말 역시 일본어에서 유래하였다.

'そうじ[掃除: 소오지]'라고 쓰고 읽으며 '청소'라는 뜻이다.

36. 쇼당

화투 놀이 중에서 '고스톱'을 칠 때, '쇼당'이라는 말을 많이 쓴다.

그 뜻은 어떤 조건이 되었을 때 '게임 상대'에게 게임을 더할 것
인지, 말 것인지의 의견을 묻는다는 뜻을 갖고 있다.

이 말 또한 일본어에서 온 것인데, 'しょうだん[商談: 쇼오당]'이라
고 쓰고 읽으며 '상담, 장사, 거래 이야기'를 의미한다.

37. 쇼빵

요즈음은 '식빵'이라는 말로 대체되었지만, 저자가 어릴 때만 하
더라도 모두들 '쇼빵'이라고 하고 집에서 '오븐'을 이용하여 직접 만
들어 먹기도 하면서 아주 유행한 적이 있었다. 이 단어도 그 어원
을 보면 일본어 'しょくパン[食パン: 쇼쿠빵]'에서 유래하였다. '쇼쿠빵

→쇼오빵→쇼빵'과 같은 과정을 통하여 변히였다.

38. 쇼부

"쇼부를 건다." 또는 "쇼부가 나다."와 같이 쓰는 이 단어는 발음만 들어도 금세 일본어에서 유래했다는 것을 알 수 있으며 '승부를 건다.'라는 뜻으로 쓴다.

'勝負(승부)'라고 쓰며 'しょうぶ'라고 읽는데, 말 그대로 '이기고 짐'을 나타낸다.

39. 수금포

경상도 지방에서는 아직도 땅을 팔 때 쓰는 '삽'을 '수금포'라고 한다.

그런데 이 말의 유래는 두 가지 설이 있다.

그중 하나는 우리나라에 새마을 운동이 한창일 때, 가장 인기가 있었던 '삽'이 '수건표 삽'이었는데 거기서 유래하였다는 설이다. 상표에 '수건으로 머리를 두른 여자 그림'이 있어서 '수건표'라고 했다는데 그것이 변해서 '수건표→수금포'로 되었다는 것이다.

또 다른 설은 일본어 유래설이다. 일본이 서양식 삽을 도입할 무렵에 그것을 네덜란드어로 'Schop(스콥)'이라고 했고, 이것을 가타카나로 'スコップ[스콥뿌]'라고 썼다. 그것이 우리나라로 전해지면서 '스콥뿌→수금포'와 같이 변하여 그렇게 부르게 되었다는 설이다.

40. 수루메

아직도 제법 많은 사람이 '마른오징어'를 '수루메'라고 부른다. 물론 일본어에서 온 것이다. 'するめ[스루메]'라고 쓰고 읽는다.

'마른오징어'가 아닌 '물오징어'는 일본어로 'いか[烏賊: 이카]'라고 하고 그 한자를 보면 우리 발음으로 '오적'이다. 우리말 '오징어'의 어원이 되었던 '오적어(烏賊魚)'와 같은 것을 보면 재미있는 일이다.

41. 수사

시내를 다니다 보면 일본식 음식점 이름 중에 '~수사'라고 쓴 간판을 종종 보게 된다. 즉, '김수사', '유수사', '선수사', '궁수사' 등 인터넷을 검색해 보아도 다양하게 발견할 수 있다.

여기서 앞의 첫 글자는 '음식점 주인'이나 '조리사'의 성을 딴 것이고, 뒤의 '수사'는 일본어 발음 '스시[すし]'의 한자 '寿司(수사)'의 우리말 발음이다.

처음에는 '유수사'라는 간판이 많았는데, 이는 '야나기 스시'의 한자인 '柳寿司'라는 이름이 일본 내의 음식점 중에 많았기 때문에 유래된 것이라고 본다.

42. 슈크림

미국에 유학했던 저자의 친구에게서 들은 일화가 하나 있다.

미국 빵집에 가서 영어로 '슈크림'을 달라고 했더니, 직원들이 킥 킥대고 웃더라는 것이다. 그래서 왜 그러냐고 물어보았더니 "왜

'구두 닦는 크림(shoe cream)'을 빵 가게에서 찾느냐?"라고 했다고 한다. 영어로 이러저러한 빵이라고 설명했는데도 잘 못 알아듣는 것 같아서 포기하고 나왔다고 한다.

미국 점원이 못 알아들은 것은 당연하다. '슈크림'은 일종의 '재플리쉬(Japlish: 일본식 영어)'이기 때문이다.

그런데 이 빵 이름의 어원은 두 가지 설이 있다.

일본어로 '生クリーム[しょうクリーム: 쇼오쿠리-무: 생크림]'이라고 쓰고 읽던 것이 우리나라에 전달되면서 와전되어 '슈크림'으로 발음하게 되었다는 설이다.

우리말로도 요즈음 '생크림 빵'이라고 부르는 것을 보면 어느 정도 타당성이 있는 가설로 보인다.

하지만, 일본어의 일반적인 발음 규칙으로 본다면 '生クリーム'을 읽을 때 'なまクリーム[나마쿠리무]'라고 읽을 가능성이 더 크기 때문에 조금 의심이 가기는 한다. 또 다른 한 가지 설은 프랑스어에서 유래했다는 설이다.

프랑스어 'chou(슈)'가 '양배추'인데, '그 모양을 닮은 크림빵'이라는 데서 유래했다는 설이다. 실제로 프랑스에도 'Chou à la crème(슈알라크렘)'이라는 먹는 크림이 있다고는 하는데, 그 형태는 지금의 '슈크림 빵'과는 좀 다르다고 한다. 어떤 설에서 유래했는지는 불분명하다고 할 수는 있으나, 어쨌든 일본어의 외래어 표기법에 따라서 명명된 것이 우리에게 구전된 것임은 틀림없다고 하겠다.

43. 슈퍼, 수퍼

원래 용어는 '슈퍼마켓(super market)'인데 이런 형태의 점포가 일본을 통해 우리나라에 들어왔다. 'スーパー マーケット[수-파- 마-켓 토]→スーパー[수-파-]'와 같이 줄여서 말하길 좋아하는 일본 사람들이 사용하는 대로 그대로 받아들이다 보니 '슈퍼'가 되었다고 할 수 있지만, 이 단어만큼은 비교적 현대에 접어들면서 사용하게 된 단어이므로 영어가 우리에게 직접 전해져서 사용하게 되었을 확률도 배제할 수는 없다.

44. 스뎅

녹슬지 않는 금속을 '스테인리스 스틸(stainless steel)'이라고 한다.

그런데, 이 금속이 우리보다 먼저 일본에 도입되면서 'ステンレス スチール[스텐레스 스치-루]'라고 썼고 너무 긴 탓에 줄여서 '스텐[ステン]'이라고 하게 된 것인데 그 용어를 그대로 우리가 도입하여 쓰게 된 것이다. 영어 단어의 뜻만 본다면 '녹슬지 않는 금속'인데, 줄여서 부른다고 뒤의 글자인 '레스'를 빼 버리니 금속의 이름이 '녹'으로 되어버리는 아이러니가 일어났다.

45. 스라브 집

요즈음은 집 짓는 형태가 매우 다양해졌으나 한 세대 전만 해도 대부분 집을 짓는다고 하면 '슬라브 집'을 선호하였다. 물론 지금도 그런 형태의 집들을 많이 짓는다.

이 말의 어원은 영어 'slab(슬랩)'으로 그 뜻은 '평판, 두껍고 평평한 돌판, 나무판'을 의미한다. 이 또한 공법 자체를 일본으로부터 들여오다 보니 자연히 일본식 표기법에 따른 외래어가 되었다. 'スラブ[스라부]'라고 쓰고 읽는다.

46. 스리슬쩍

'남이 모르는 사이에 어떤 일을 슬쩍 행한다.'라고 할 때 사용되는 부사적 단어인데, 여기에서 '스리'는 마치 우리 고유의 말 같은 느낌으로 뒤의 '슬쩍'을 수식하면서 '더욱 감쪽같이'라는 의미를 강조하고 있다. 그런데 여기서 '스리'라는 단어는 아무래도 일본어 느낌이 많이 난다. 왜냐하면, 뒤에 소개할 '쓰리(소매치기)'의 일본어 원형어인 'すり[掏摸: 스리]'와 그 뉘앙스가 너무나 비슷하기 때문이다.

그러니, '스리슬쩍'이라고 하면 소매치기가 남의 물건을 몰래 훔치듯이 아무도 모르게 훔쳐 가는 것이 된 것이다. 따라서 이 단어도 '삐까번쩍'이나 '사시수저'와 마찬가지로 일본어와 우리말이 합해져서 사용하는 '겹말 단어' 중 하나라고 생각된다.

47. 스베루, 스베리

"타이어가 스베리한다."라든지 "스베루가 나서 차가 미끄러졌다."라는 식으로 '미끄러진다.'라는 뜻으로 사용하는 이 단어는 일본어의 'すべり[滑り: 스베리]'에서 온 것으로 그 뜻은 '미끄러짐'이다.

48. 스포츠 가리, 니부 가리

이발소에서도 우리도 모르게 일본식 용어를 제법 쓰고 있다.

바로 '가리'라는 용어이다. '니부가리' 또는 '이부가리'라고 하는 짧은 머리 형태와 이보다는 조금 긴 '스포츠 가리'가 있다. '이부머리', '스포츠머리'라고도 하지만, 그 어원은 역시 일본어이다.

각각 'スポーツ刈り[スポーツがり: 스포츠가리]', 'にぶがり[니부가리]'라고 쓰고 읽는다. 여기서 '가리'는 일본어로 'かる[刈る: 가루]'라고 하는 동사로부터 파생된 명사형의 단어인데 동사로서의 뜻은 '베다, 머리털 등을 깎다.'이다.

이로부터 파생된 것이 'かり[刈り: 가리]'이므로 당연히 '베기, 깎기' 등의 뜻을 갖고 있다. 또한, 여기서 '니부'는 'にぶ[二分: 니부]'로 '6㎜' 정도를 의미한다.

여기서 잠깐 일본어에서 유래한 '부'에 대해서 언급해 보면, 적용되는 분야에 따라서 인용되는 기본 단위가 다르므로 그 길이가 달라진다. 즉, 1자(30.3㎝)의 1/100인 '3㎜'를 'ぶ[부]'라고 하기도 하고 1인치의 1/8인 8.5㎜를 'ぶ[부]'라고 하기도 한다.

49. 쓰끼다시, 쓰께다시

이 용어는 주로 음식점에서 많이 쓰이는 용어로, 특히 일본식 음식점에서 자주 사용된다. 그 뜻은 음식의 본 코스가 아닌 서비스 개념의 먹을 것을 내놓은 것을 의미한다. 일본 음식점에서 주로 사용하던 단어이니 당연히 그 어원은 일본어이다.

'つきだし[突(き)出し: 쓰키다시]'라는 단어가 있는데, 이 말의 원뜻은 '쑥 내밂, 쑥 내민 것, 밀어냄.'인데, '일본 요리에서 처음에 내놓는 가벼운 안주'를 뜻한다. 이렇게 쓰이던 일본어가 그대로 우리에게 전해져서, '쓰끼다시'하면 '서비스로 공짜로 추가해서 주는 음식' 또는 '본 음식 전에 나오는 먹을 것'이라는 뜻이 되었다.

50. 쓰나미

이 단어는 아예 국제적으로도 통용되고 있고 영어 사전에도 당당히 'tsunami(쓰나미)'로 등재되어 '지진 해일'이라는 의미로 굳어졌다.

'つなみ[津波: 쓰나미]'라고 쓰고 읽으며, 여기서 한자 '津(진)'의 뜻은 여러 가지가 있는데, '나루터, 넘치다, 진액' 등이다. 따라서 '쓰나미'를 굳이 해석하자면 '넘치는 파도'라는 뜻이 된다.

51. 쓰레빠

주로 욕실 등에서 쓰는 편한 신발을 일컫는 말이다. 물론 가까운 거리를 다닐 때 쓰기도 한다. 영어로는 'slipper(슬리퍼)'라고 한다. 이 단어 역시 일본이 서양 문물을 도입하는 과정에서 일본어의 '50음도' 범위 내에서 가장 가까운 발음을 찾아 표현하다 보니 'スリッパー[스릿빠-]'라고 표기하게 되었고 이를 다시 우리가 받아들이는 과정에서 '스릿빠→쓰렛빠→쓰레빠'와 같이 변하였다.

52. 쓰리

"전철에서 쓰리 당했다." 등으로 쓰이거나 신문에 나는 '쓰리 전과 3범 등'으로 자주 쓰는 이 단어도 일본어에서 유래하였다. '쓰리'는 일본어로 'すり[掏摸: 스리]'라고 쓰고 '소매치기'를 의미한다.

이것이 '스리→쓰리'로 변형된 것이다.

53. 쓰메끼리

지금은 '손톱깎이'라고도 많이 하지만, 아직도 '쓰메끼리'라고 하시는 분들이 꽤 많다. 처음 도입 당시 일본으로부터 들여오다 보니 일본어를 그대로 사용한 듯하다.

'つめきり[爪切り: 쓰메키리: 손톱깎이]'

54. 쓰미

건설 현장이나 집을 지을 때, '벽돌 쌓는 작업자' 또는 '미장이'를 일컫는 말이다.

'つむ[積む: 쓰무]'라는 동사에서 파생된 명사형이 'つみ[쓰미]'인데, 동사형의 경우 그 뜻은 '쌓다, 싣다.'이므로 명사의 뜻도 '쌓기, 싣기, 그것을 행하는 사람'이다.

55. 쓰봉, 즈봉

바지를 흔히 '쓰봉'이라고 많이 부른다. 이 말도 일본어에서 왔는데, 이 단어의 원조는 '프랑스'이다. 일본도 개화 시기에 서양 문물을 많이 받아들이다 보니, 외래어를 많이 사용하게 되었다. 그러나 일본어 표기법의 어쩔 수 없는 한계로 인하여 정확한 표현이 어려웠던 경우가 아주 많다.

프랑스어로 'jupon(쥐-포)'라는 단어가 있는데, 원뜻은 '페티코드, 속치마, 남자용 짧은 치마'를 의미하였다. 그런데, 일본이 이 단어를 번역하여 사용하면서 어쩐 일인지 '양복바지'를 의미하게 되었다.

아무튼, 이 단어를 일본어 표기로 'ズボン[즈봉]'이라고 쓰게 되고 우리가 그대로 받아들여 쓰다 보니 '즈봉→쓰봉'으로 변하면서 '양복바지'뿐만 아니라 폭넓게 '바지'를 의미하게 되었다.

56. 시다

공장이나 작업장에서 '초보자' 또는 '아랫사람'을 흔히 '시다'라고 부른다.

'시다바리'라는 말도 있으나 그 의미는 조금 다르다.

'시다'는 일본어의 단순한 '下[した: 시타]'에서 온 것이라기보다는 'したっぱ[下っ端: 시탓빠]'라는 단어에서 왔다고 할 수 있는데 그 뜻이 '아래쪽, 하부, 신분이나 지위가 낮음 또는 그런 사람'이기 때문이다. '시탓빠→시타→시다'로 변형된 것으로 보인다.

57. 시다바리

영화 〈친구〉에서 그 유명한 대사인 "내가 니 시다바리가?"로 더 유명해진 단어이다.

여기에서 '시다'는 한자로 쓰면 '下(하)'로 56항에서의 '시다'와 같으나 별도의 다른 유사한 단어에서 왔을 가능성이 높다. 거기에는 두 가지 가능성의 가설이 있다.

그 첫 번째는 발음상으로 가장 같은 'したばり[下張り·下貼り: 시타바리]'라는 단어에서 왔을 가능성이다.

이 단어의 원래의 의미는 '초배(初褙), 초배지(初褙紙)'라는 뜻이나, 초배지가 있어야 도배가 살아나는 것처럼 사람 관계에서도 '초배지'와 같은 역할을 한다는 비유로 '시다바리'가 윗사람을 받쳐주는 어떤 역할을 하는 '부하 직원'이라는 의미의 용어로 사용됐을 가능성이다.

두 번째는 'したまわり[下回り: 시타마와리]'라는 단어에서 왔을 가능성으로, 그 뜻은 '잡역부, 허드렛일꾼'이며 그 동의어로 'したばたらき[下働き: 시타바다라키]'라는 단어도 있다. 그 뜻 역시 '부하일, 부하, 허드렛일이나 그것을 하는 사람'이므로 이 단어로부터 왔을 가능성도 꽤 크다.

어느 단어로부터 유래하였든지 일본어에서 왔음은 부인할 수 없는 듯하다.

비슷한 뜻의 일본어 유래 단어로 '꼬붕'이 있는데, 1장에서 이미 설명한 바 있다.

58. 시로도

어떤 작업장이나 공사장에서 '서투르거나 초보인 작업자'를 일컬을 때 '시로도'라고 한다. 이 말 역시 일본어 'しろうと[素人: 시로오토]'에서 유래하였다.

'경험이 없는 사람, 비전문가, 초심자, 아마추어'라는 뜻이다.

59. 시루시, 지루시

목재를 알맞은 길이로 자르려면 우선 자로 재고 연필이나 볼펜으로 그 위치를 표시하는데, 이럴 때 "시루시한다."라는 표현을 쓴다. 작업자들 사이에서는 그 업계의 전문 용어처럼 통용되고 있는 용어이다. 이 말 역시 일본어에서 온 것으로 'しるし[印: 시루시]'라고 쓰고 읽으며 '표시, 표지'라는 뜻이다.

60. 시마이

이 말 역시 작업장에서 많이 쓰는 말이다. "오늘은 이쯤에서 시마이합시다."라는 식으로 많이 쓰는데, '이 정도 일하고 끝냅시다.'라는 뜻으로 일본어의 'しまい[仕舞い: 시마이]'에서 유래하였으며 '끝, 최후, 파(罷)함, 끝맺음'이라는 뜻이다.

61. 시보리

이 말은 제법 여러 가지 분야에서 서로 다른 뜻으로 쓰이지만, 그 용도를 본다면 왜 그러한 용어를 그곳에 사용하게 되었는지 그 이유를 금세 짐작할 수 있다.

사진 관련해서 사용하는 경우는 카메라 속으로 들어오는 빛의 양을 조절하는 부분인 '조리개'를 의미하는 'しぼり[絞り: 조리개]'이고, 음식점에서 "시보리 좀 주세요."라고 했다면 '물수건을 달라.'라는 의미가 된다.

또한, 의류업계에서 '시보리'라고 하면 소매의 조이는 부분을 말하며 자동차 정비업체에서 '시보리'라고 했다면 이는 엔진에 들어가는 '기화기'를 의미한다.

또한, 철판을 원 모양으로 잘라서 회전하는 기계와 함께 돌리면서 금속 봉으로 눌러서 금속 용기를 만드는 작업도 '시보리 작업'이라고 한다. 이 네 가지 모두 그 단어의 의미 속에 '줄이다, 짜다, 좁히다.'라는 뜻을 내포하고 있음을 알 수 있다.

62. 시아게, 시야게

이 말도 작업장이나 공사장에서 많이 사용하는 용어이다. "시아게를 잘해야 제품이 산다."라든가 "시아게만 하면 이 일도 끝이다."라는 형식으로 많이 쓴다.

말의 흐름만 보아도 '끝맺음 작업'을 의미한다는 것을 알 수 있다.

또, 의류 관련 업체들의 간판에도 보면 '시야게, 나나이치, 큐큐' 등의 알지 못할 용어들이 보이는 경우도 종종 있다.

이 말도 일본어의 'しあげ[仕上げ: 시아게]'로부터 온 것으로 '마무리, 완성함, 끝손질, 뒷마감'을 의미한다.

'신반 작업의 끝마무리 단계'를 일본식 한자를 그대로 쓰고 우리말로 읽어서 '사상작업(仕上作業)'이라 하기도 한다.

여기서 '나나이치', '큐큐'는 2장에서 설명한 바 있다.

63. 시찌부

바지 종류 중 하나로 '시찌부 바지'라는 것이 있다. 어떤 분은 '시찌보 바지'라고도 하는데, 바지 하단이 일반 바지 길이의 70% 정도가 되는 짧은 바지를 말한다. 우리말로 한다고 해서 '칠부 바지' 또는 '칠보 바지'라고 부르는 경우도 있다.

이 역시 일본어에서 온 것으로 'しちぶ[七分: 시치부]'라고 쓰고 읽으며 약 70%, 즉 7부 정도의 길이를 의미한다.

64. 신꾸깡

3장 '데루등' 항에서 도표로 알기 쉽게 소개한 바 있다.

'眞空管: しんくうかん'이라고 쓰고 '자동차용 헤드라이트 전구'를 의미하는 것인데, 구식 라디오의 부품인 '진공관'과도 한자나 발음이 같다. 아마도 전구의 내부를 진공으로 하여 필라멘트의 산화를 방지하던 시절의 용어에서 온 듯하다. 지금의 전구는 진공이 아니고 질소 가스가 들어간다. 하지만 그나마도 모두 LED 전구로 바뀌고 있으니 기술의 눈부신 발전이 놀랍기만 하다.

65. 신나

페인트 작업을 할 때 사용하는 '희석용제'의 명칭으로 '신나'가 있다.

저자는 중학교 시절에 처음 이 단어를 듣고 별 희한한 명칭도 다 있다고 생각했다.

이 단어 역시 일본이 우리보다 먼저 그 물품을 외국으로부터 도입하면서 영어의 'thinner(씨너)'를 그들 발음 나름으로 표현하면서 'シンナー[신나-]'라고 표기한 것을 우리가 그대로 받아들인 것이다. 요즘은 '시너'라고도 부른다.

66. 신마이

어떤 단체의 '신출내기'를 속되게 부를 때 '신마이'라고 한다.

이것은 한자로 '新米(신미)'라고 쓰고 'しんまい[신마이]'라고 발음하는데, '햅쌀'이라는 뜻이다. 바로 이것을 '신참(新參)'이나 '풋내기'를 비유하는 말로 쓰인 것이라고 볼 수도 있지만, 다른 한편으로는 'しんまえ[新前: 신마에]'라는 단어도 있는데 이 역시 '햅쌀, 신참, 풋내기'라는 동일한 뜻으로, 이 단어로부터 유래하였을 수도 있다.

67. 신삥

새로운 물건 또는 싱싱한 물건을 '신삥'이라고 하는데, 이 말도 일본어에서 온 것이다. 'しんぴん[新品: 신삥]'이라고 쓰고 읽는다.

68. 신쭈, 신쮸

'신쭈 제품'이라고 할 때 사용하는 '신쭈'는 '놋쇠 제품'을 말하는데, 마치 순수한 우리말인 양 모르고 그냥 사용하는 듯하다. 이역시 일본어 'しんちゅう[真鍮: 신쮸우]'에서 온 것으로 '놋쇠, 황동'을의미한다.

69. 심보

자동차용 부품, 시계 부품, 기계 부품의 회전축을 '심보'라고 부르는데, 마치 우리말인 것처럼 사용되고 있다. 특히 '시계 수리점'에 시계를 고치러 가면 "심보가 나가서 그래요."와 같이 쓰면서 가장 많은 고장 원인을 설명하는 데 자주 쓰였다.

이 용어 역시 일본어의 'しんぼう[心棒: 심보오]'에서 온 것으로 '굴대, 회전축'을 의미한다.

70. 십팔번

노래방 등에서 "이 노래가 나의 십팔번이다." 또는 "너의 십팔번이 뭐냐?"와 같이 '즐겨 부르거나 잘하는 노래'를 의미하는 단어로 쓰인다. '십팔번'이 왜 '애창곡'이라는 의미가 되었을까? 그것도역시 일본 문화와 관계가 있다.

일본에서조차도 네 가지 정도의 설이 있다.

그중에서 제일 유력한 설은 일본의 전통 연극인 '가부키 시바이'와 관계가 있다.

즉, 1832년도에 그 당시 유명 배우였던 '7대 이치가와 단쥬로(한자로 市川 團十郎라고 쓰며 요즘으로 말하면 團長의 뜻임)'가 선대로부터 내려온 '자랑할 만한 남자 역의 용맹스러운 연기들'을 집대성하여 '18가지'로 정리한 후 '十八番[じゅうはちばん: 쥬우하치방]'이라고 이름 붙였던 데서 비롯되었다는 것이다. 정확히는 '歌舞伎 十八番[가부키 쥬우하치방: 가부키 십팔번]'이다.

두 번째 설은 그보다도 시기적으로 앞서 있었던 '정본제(正本製)'라는 제도로부터 유래했다는 설인데, 그것을 '가부키' 쪽의 종사자가 인용하여 사용했다는 것이다.

'正本製(しょうほんじたて: 쇼오혼지타테)'라는 것은 귀중한 서화를 보관할 때 전문가가 '정품 인증 사인'을 한 후 소중하게 보관하는 제도로, 1815~31년에 걸쳐서 시행됐다고 한다. 이것을 일반인들이 '상자에 들어있는 귀중한 물건'이라는 뜻으로 '오하코[おはこ: 十八番]'라고 불렀는데, 시기적으로 볼 때 그 용어를 가부키 분야에서 종사하던 사람들이 도입하여 사용하였을 가능성이 오히려 크다는 것이다. 지금도 일본에서는 '十八番(18번)'이라고 쓰고 'おはこ[오하코]'라고도 읽으며 '주특기, 장기'를 의미한다.

'오하코'는 다른 한자 표현으로 '御箱(어상: 귀중한 상자)'으로 쓸 수도 있다.

그 외에도 여러 가지 설이 있는데 다음과 같다.

'불교 관련설: 아미타불의 48가지 기도 중에서 18번째 기도가 가장 유명한 데서 유래했다는 설'

'무사도 관련설: 중요 무예 18가지를 요약한 데서 유래했다는 설'

이런 여러 가지 설이 있다.

71. 십뿌

젊은 사람들은 잘 모를 수도 있는 단어지만, 연세를 좀 드신 분들은 아직도 많이 사용하는 단어이다. 몸의 어딘가가 찌뿌둥하다든지 삐거나 부딪쳐서 아플 때, 수건에 '뜨거운 물'이나 '아주 차가운 얼음물'을 적셔서 아픈 부위에 대고 그 냉기나 열기로 아픈 것을 치료하는 방법을 말하는 일본어이다.

우리말로는 '찜질'이라고도 하고 일본식 한자를 그대로 읽어서 '濕布(습포)'라고도 하는데 이것을 일본어로 읽으면 'しっぷ[싯뿌]'이다.

냉습포(冷濕布)와 온습포(溫濕布)가 있다.

순우리말로는 '냉찜질', '온찜질'이라고 할 수 있다.

8장

'ㅇ'으로 시작하는
단어들

1. 아까지

회사나 가게를 운영하다 보면 '흑자'도 나고 때로는 '적자'도 날 수 있다.

여기서 '흑자', '적자'는 '금전 출납부'를 기록한 후 결산을 보았을 때, '남았느냐, 손해이냐?'를 기록할 때 이를 기록하는 '글자의 색깔'을 말한다.

한자로 쓰면 '黑字', '赤字'로 순우리말로 한다면 '검은 글자', '빨간 글자'라고 할 수 있다.

금전 출납부상의 입출금 내역을 종합하여 계산했을 때 '손해'가 나면 '아까지'라고 하는 이유가 바로 이 '적자'를 일본어로 'あかじ[아까지]'라고 쓰고 읽기 때문이다.

그것으로부터 유래하여 지금도 관용적으로 '아까지'라고 하면 '손해가 난 것'을 의미하게 되었다.

2. 아까징끼

지금은 '아까징끼'라는 소독약이 거의 없어지고 '요오드 액'으로 바뀌었지만, 한 세대 전만 해도 '아까징끼'라는 용어를 많이 사용하였다. 이 약은 색깔이 빨간색이어서 '피 색깔'과 거의 비슷하다. 그래서 '빨간 약'이라는 별칭도 갖고 있었다.

영어로는 '머큐로크롬(mercurochrome)'이라고 하는데, 약의 이름에서도 알 수 있듯이 '수은(mercuro)'이 관련된 약이므로 그 유해성에 대한 문제가 대두되어 생산이 중단되었다. 이 약의 용어 역시

일본어에서 온 것인데 'アッカチンキ[赤い薬: 앗카칭키]'라는 일본의 브랜드명에서 유래하였다.

　원래 일반 명사는 'あかチン[赤チン: 아카칭]'으로 '머큐로크롬 수용액'을 의미한 것인데 'あか[아카]'는 일본어의 '빨간색', 'チン[칭]'은 독일어의 'tinktur(팅투어)'의 앞글자만을 딴 것이다. 'tinktur'의 뜻은 '정기(丁幾)', '제(劑)'이다. 그래서 약 이름이 '앗카칭키→아까징끼'로 된 것을 우리가 그대로 받아들여서 사용하게 되었다.

3. 아구창

　턱을 한 대 주먹으로 때린다고 할 때 "아구창을 한 대 날려버려!"라고 한다든지, "맞아서 아구창이 나갔다."라고 하기도 한다.

　여기에서 '아구창'도 일본어에서 온 단어이다.

　원래의 단어는 'あごちゃんばら[顎ちゃんばら: 아고쨩바라]'로서 '치고받는 싸움'을 말하는데 'あご[아고]'는 턱이라는 뜻이고 'ちゃんばら[쨩바라]'는 '난투극'을 말한다. 그러니, '치고받아서 턱이 날아가는 싸움판'을 의미하는 데서 유래하여 '아고창→아구창'으로 된 것을 우리가 그대로 쓰고 있는 것이다.

4. 아끼바리 쌀

　쌀 종류의 한 가지인 '아끼바리' 또한 일본어에서 유래하였다. 원래는 일본어의 'あきばれ[秋晴れ: 아끼바레]'로 '가을의 쾌청한 날씨'를 의미하는 단어인데, 이를 쌀 이름으로 쓴 것이다. '아끼바레→

아끼바리'로 구전되면서 변하였다.

5. 아나고

우리가 좋아하는 횟감 중에 '아나고'가 있다.

우리말로는 '붕장어'라고 하는 뱀같이 긴 형태의 물고기를 말한다.

그런데, 이 '아나고' 역시 일본어에서 온 것으로 '붕장어'보다 훨씬 자연스럽게 쓰고 있다. 일본어로 'あなご[穴子: 아나고]'라고 쓰고 읽는다.

6. 아다라시

이 단어는 비교적 다양하게 사용되고 있는데, 그 뉘앙스는 모두 '새것, 신품, 좋은 것'을 의미한다.

'あたらしい[新しい: 아타라시이]'라고 쓰고 '새롭다, 싱싱하다.'라는 뜻이다.

때로는 줄여서 '아다'라고도 하는데, '새로운 것'이라는 뜻을 줄여서 그렇게 말한 것일 수도 있지만, 사실은 'あだ[婀娜: 아다]'라는 다른 단어를 사용한 것일 수도 있다. '여성의 요염한 모양'이라는 뜻도 있기 때문이다.

7. 아다리

일상생활에서 지금도 자주 사용하는 대표적인 일본어 유래 단어이다.

특히, 바둑을 둘 때 '아다리' 하면 상대방의 바둑돌이 잡아먹히기 직전의 상태를 의미하며 대표적으로 많이 사용되는 분야일 것이다.

그러나 일반사회에서 '아다리' 하면 "아다리가 잘 안 맞았다."라는 형식으로 쓰고 그 뜻은 '타이밍이 잘 맞지 않았다.'라는 뜻이 된다. 반대로 "아다리가 맞았다."라고 한다면 '타이밍이 잘 맞았다.', '적시에 딱 되었다.'라는 의미가 된다.

일본어로는 'あたり[当り: 아타리]'라고 쓰고 읽으며 그 뜻은 '촉감, 감촉, 짚어 봄, 당첨, 어신(魚信)'이라는 뜻이다.

우리가 쓰는 '아다리'는 아마도 바둑에서 사용되던 용어가 일반 대중들 사이에서도 비유적으로 쓰게 된 것이 아닌가 생각된다.

8. 아데

"아데를 대다."라고 하면 '어떤 물건을 덧댄다.'라는 뜻이다.

우리가 군 생활을 할 때도 '포복 훈련'을 하기 전에 무릎이나 팔꿈치가 까지지 않도록 옷 속에 무엇인가 보호대로 대는 것을 "아데를 넣는다."라고 하였다.

여기서 '아데'는 일본어 'あて[当て: 아테]'에서 온 것으로 '덧댐, 닿게 함, 댄 것'을 의미한다.

9. 아도사키

신문에 심심하면 한 번씩 오르내리는 도박단 검거 뉴스를 보면

'아도사키'라는 단어가 자주 등장한다. 과연 이 말은 어디에서 온 말인가?

이 단어는 일본어 'あとさき[後先: 아토사키]'에서 온 것으로 원래의 뜻은 '전후, 앞뒤, 선후'라는 뜻인데, 도박의 방식이 '앞에 받은 화투'와 '뒤에 받은 화투'를 합하여 그 수로 승부를 가리기 때문에 그러한 이름이 되었다고 한다.

10. 아도치다

장사를 좀 크게 하는 분들이 "그거 내가 아도칠게!"라고 선언할 때가 있다.

그 의미는 "그거 내가 전부 다 살게!"라는 뜻이다.

그러니까 '현재 있는 물건 전부를 내가 가져간다.'라는 뜻이라고 할 수 있는데 요즘 말로 하면 '땡처리'와도 비슷한 개념이기도 하다.

한편, 화투놀이 중에 '월남뽕'이라는 것이 있는데, 내가 받는 화투패 두 장이 아주 좋을 때, '나 혼자서 현재 판돈을 모두 걸고 승패를 가리겠다.'라는 뜻으로 '아도'라고 선언할 때가 있다. 바로 이 단어에서 유래하여 "아도치다."라는 말이 장사 분야에서도 사용되고 있다. 그러면 도박판에서 '아도'라는 단어는 어디에서 온 것인가? 그것은 바로 일본 전통 연극인 '能楽(노오가쿠)와 狂言(교오겐)'과 관련이 있다. 왜냐하면, 이 연극에서 '주인공의 상대역'을 'あど[아도]'라고 했는데, 도박판에서 '현재 판돈의 상대역을 내가 하겠다.'라는 선언을 그렇게 비유하여 외친 셈이라고 할 수 있다.

바로 이러한 도박판의 용어를 장사 분야에서도 비유적으로 사용하게 된 것이다.

11. 아리송하다

우리는 "아리송하다."라는 말을 자주 쓰는데, '알 듯 모를듯하다.'라든가 '모호하다.'라는 뜻으로 쓰이는 단어이다. 그런데, 이 단어도 일본어에서 유래하였을 가능성이 크다.

왜냐하면, 일본어에서 '있을 것 같다.', '있음 직하다.'라고 추측하여 말할 때, "ありそうだ[아리소오다]."라고 말하기 때문이다.

그것을 우리가 들은 대로 쓰다 보니, 시간이 지나면서 '아리소오다→아리송하다'가 되었다.

12. 아부라게

우리가 먹는 음식 재료 중에 '아부라게'라는 것이 있다.

두부를 튀겨서 만든 식재료인데, 겉은 쫄깃쫄깃하고 속은 부드러운 편으로 그 속에 밥을 넣어서 초밥을 만들기도 하고, 우동 국물 위에 고명같이 띄우기도 한다.

거의 우리말처럼 되었지만, 그 어원은 일본에서 유래한 것이다.

'あぶらあげ[油揚げ: 아부라아게]'라고 쓰고 읽으며 즉 '유부(油腐: 두부를 얇게 썰어 기름에 튀긴 것, 기름에 튀기는 것)'로써 일본의 식문화가 우리에게 전달되면서 우리도 그대로 쓰게 되었다.

13. 아사리 판

어떤 것을 쟁취하기 위하여 많은 사람이 한 곳에 모여들어 제 몫 챙기기에 여념이 없는 무질서한 모습을 보고 "완전 아사리 판이네~!"라고 표현하는데, 과연 이 '아사리'라는 말은 어디서 왔을까? 이 단어 역시 두 가지의 유래설이 있다.

그 한 가지는 '바지락조개'를 일본어로 'あさり[浅蜊: 아사리]'라고 하는데, 이 조개를 많이 잡은 후 큰 통에 넣고 씻을 때 '아사리, 아사리' 하는 시끄러운 소리가 난다고 한다. 바로 이 소리에서 유래되었다는 설이 있는데, 이는 우리가 무슨 소리가 날 때, '바지락조개'를 여러 개 비빌 때 나는 소리에 비유하여 "바지락 바지락 한다."라고 하는 것과 같은 예이다.

다른 하나는 '아사리'라는 일본어 'あさり[漁り: 아사리]'의 뜻이 '고기잡이, 무엇인가를 구하기 위해 찾아다님'에 있는데 이것에 비유하여 사용하던 'りけんあさり[利権あさり: 이켄아사리]'의 뜻인 '이권을 찾아다님.'에서 비롯되어 이권을 쟁취하기 위한 추잡한 싸움을 '아사리 판'이라고 비유하게 되었다는 것이다.

14. 아스

세탁기나 냉장고 등 비교적 습기가 많은 곳에서 사용하는 전기 제품의 경우 '누전에 의한 감전'을 방지하기 위해 '아스선'이 있다.

이 '아스'라는 용어 또한 일본식 외래어 표기법에 따른 것인데, 영어로는 'earth(얼쓰)'인데 'アース[아-스]'로 밖에 표기할 수밖에 없

던 일본어의 한계로 인하여 그렇게 표기되고 우리도 따라서 발음하게 된 것이다. 다른 말로는 '접지(接地)'라고 하며 '전기 기구와 지면 사이의 비상 우회 전기 통로'를 말한다.

한편으로 "전선이 아스되었다."라고 말하는 경우가 있는데, 이때의 뜻은 '전기가 합선되었다.'라는 뜻으로 쓰이기도 한다. 이는 잘못 쓰이는 예라고 할 수 있다.

15. 아시바 발판

옥외 공사장이나 실내 작업 시에 1m 전후의 발판을 임시로 만들어서 사용하는데, 이를 '아시바'라고 한다.

많은 공사장 용어가 일본어에서 왔는데 이 용어 역시 일본어에서 유래하였다.

'あしば[足場: 아시바]'라고 쓰고 읽으며 '발판, 디딜 곳'을 의미한다.

16. 아오리 사과

대부분 사과라는 과일을 머릿속에 떠올리면 '빨간색'을 연상하지만, 요즘에는 연한 녹색의 사과도 있다. 마치 덜 익은 듯한 색깔을 한 이 사과를 '아오리 사과'라고 부른다.

이 사과 이름 역시 일본어에서 유래하였는데, 처음 이 사과를 교배시킨 일본의 '아오모리(青森: あおもり) 사과 시험장'의 이름에서 유래하여 '아오모리→아오리'로 되었다고 하는 설과, '푸른색 사과'라는 일본어인 'あおいりんご[青い林檎: 아오이 링고]'에서 유래하여 '아

오이 링고→아오리'로 되었다는 설이다. 원래 이 사과 품종의 일본 이름은 '쓰가루(津輕)'인데, 전파되는 과정에서 어려운 이름보다는 쉽고 익숙한 이름을 선택한 듯하다. 어느 쪽이든 일본어에서 유래했다는 것은 틀림없는 것 같은데, '사과 시험장' 이름에도 '푸를 청(靑)'이 들어갔고 사과색도 '푸른색(우리는 예로부터 녹색도 푸르다고 했다)'인 것은 우연이 아니라 필연인 듯하다.

17. 아이노꼬

제2차 세계대전이 끝나고 일본과 한국에 미군이 주둔하면서 미군 병사와의 사이에서 혼혈 아이들이 많이 태어났다. 이러한 '혼혈아'를 일본어로 '아이노꼬'라고 부른 데서 비롯된 단어인데 약간 저속한 표현이라고 할 수 있다. 'あいのこ[合の子: 아이노코]'라고 쓰고 읽으며 그 뜻은 '비속적 표현의 혼혈아, 생물의 잡종'을 일컫는다.

18. 아이롱

전기다리미를 말할 때 흔히들 '아이롱'이라고도 한다.

이는 영어에서 다리미를 'iron(아이언)'이라고 표기하는 것과 연관이 있다. 단어의 순서로 봐서는 '아이론'일 것 같은데 정확한 발음은 '아이언'이다.

하지만 일본을 통하여 전기다리미가 도입되었으므로 우리도 'アイロン[아이롱]'이라고 따라 부르게 된 것이다.

한편, 재미있는 것은 골프용품의 경우에는 똑같은 단어를 두고서 '금속 골프채'를 '아이언'이라고 발음한다는 사실이다. 일본어에서도 골프 용어로는 'アイアン[아이안]'이라고 쓰고 읽는다. 하지만 영어로는 둘 다 'iron(아이언)'이다.

한 가지 더, 영화 〈iron man(아이언맨)〉에서도 같은 영어의 'iron'을 '아이언'이라고 표현하는 것을 보면 어떤 경로로 외국어가 들어오느냐 하는 것도 매우 중요한 것 같다. 만일 이 영화가 일본을 통해 들어왔다면 아마도 '아이롱만' 또는 '아이안만'이 되었을지도 모를 일이다.

19. 아파트

우리가 거주하는 '아파트'도 정확한 영어 발음은 '어파트먼트(apartment)'라고 해야 마땅하지만, 일본을 통하여 용어가 도입된 까닭에 '아파트'가 되었다.

일본어로는 'アパート[아파-토]'라고 쓰고 읽는다.

원래의 영어로는 'apartment house(아파트먼트 하우스)'이며 '공동 주택'을 말한다.

20. 악세사리

이 단어 역시 영어의 'accessary(액세서리)'를 일본어로 기록하는 과정에서 가타카나로 쓰다 보니 'アクセサリー[아쿠세사리-]'가 되었고 다시 '악세사리'로 변하였으며 '액세서리, 장신구'를 뜻하게 되었다.

21. 암구어

군대 용어도 알게 모르게 일본어의 영향을 많이 받았다.

M-1 소총이나 M-16 소총을 말할 때도 '에무 왕', '에무 십육'이라고 일본식 알파벳 발음으로 말했으니 말이다.

게다가, 군대에서 야간 검문 시에 사용하는 '암구어'라는 용어도 한자로는 '暗口語'라고 되어 있어서 우리말인 것 같아도 알고 보면 거기에는 기막힌 반전이 있다.

우리가 어릴 때, 군대놀이할 때를 기억해 보면 상대방의 신분을 확인한다는 의미로 "암호!"라고 하곤 했다. 이때의 한자는 '暗號(암호)'이다.

그런데 왜 이 단어가 '암구어'를 거쳐 다시 '암구호'가 되었을까?

그 이유를 거슬러 올라가 보면 일본 군대 용어에서 유래하였다.

일본어로 '暗号(일본식 한자 표기)'를 발음하면 'あんごう[안고오]'이다.

이 일본식 발음은 해방이 되었어도 일본식으로 '안고오'라고 발음하며 검문 시에 사용될 수밖에 없었다. 왜냐하면, 나 혼자만 한국식으로 발음한다고 해서 상대방까지 그것을 이해하기는 무리였기 때문이다. 총을 들고 검문하는 긴박한 상황에서 이제까지와 다른 발음을 했다가는 이해를 못 하여 올바른 대응을 하지 못하는 오류 사고가 날 수도 있었기 때문이다. 그래서 차라리 비슷한 발음의 우리 용어를 만드는 것이 더 안전하다고 생각하여 만든 단어가 '암구어'이다. 꽤 오랫동안 '암구어(暗口語)'라고 하다가 "이것이 일제의 잔재다."라고 하여 다시 '암구호(暗口號)'로 바뀌었다.

22. 앗사리

"사람이 앗사리하지 못하게 왜 그래?"라든지 "앗살하게 끝내!" 라는 식으로 자주 사용하는 '앗사리'라는 단어는 정확하게 무슨 뜻일까?

첫 문장에서의 그 뜻은 '뒤끝이 있다.'라는 뜻으로 들리고, 두 번째 문장에서는 '확실하게 하라.'라는 뜻으로 들린다.

그러면 이 단어는 어디서 왔을까? 물론 일본어의 'あっさり[앗사리]'에서 온 것이다.

그 뜻은 '산뜻하게, 시원스럽게, 깨끗이'이다. 비교적 그 의미가 있는 그대로 전달되어 아직도 관용적으로 쓰이는 단어 중의 하나이다.

23. 앙꼬

빵 이름 중에 '앙꼬 빵'이라는 것이 있다. 빵 속에 '팥 앙금'이 들어간 빵을 말하는 것인데, 다른 몇 가지의 빵 이름도 일본어에서 왔듯이 이 단어 또한 일본어 'あんこ[餡子: 앙꼬]'에서 유래하였고 '팥소, 속을 채우는 물건'을 뜻한다.

24. 야끼

대장간같이 쇠를 다루는 곳에서 사용하는 용어 중에 "칼에 야 끼를 넣는다."라는 말이 있다. 이 말은 '쇠를 단단하게 하는 작업' 을 말한다. 쇠를 불 속에 넣었다가 찬물에 갑자기 식히면 뜨거울

때 인정된 구조가 갑자기 식음으로써 안정된 구조를 그대로 유지
하게 되어 쇠가 단단해지는데, 이 작업을 "야끼넣는다."고 한다.

이 단어 역시 일본어에서 온 것으로 'やき[焼き: 야끼]'라고 쓰고
우리말로는 '담금질'이라고 한다.

25. 야끼만두

중국 음식점에서 사용하는 단어 중에도 일본어에서 유래한 것
이 몇 가지 있는데, '짬뽕'과 함께 '야끼만두'도 그중의 하나이다.
원래의 일본어로는 'やきまんじゅう[焼饅頭: 야끼만쥬우]'이나 뒷글자
가 우리말 '만두'와 유사하므로 그대로 우리말을 사용하고 앞글자
만 일본어 그대로 사용한 듯하다. '태우다, 굽다'라는 동사 'やく[焼
く: 야꾸]'에서 파생된 명사형 'やき[야끼]'가 뒷 단어인 '만두'를 수식
함으로써 '구운 만두'를 뜻하는 말이 되었다.

26. 야도

어린이들이 술래잡기할 때는 술래가 있던 자리로 술래 몰래 뛰
어가서 손으로 짚으며 "야~도~!"라고 하는 동작을 한다.

이 말도 일본어의 'やど[宿: 야도]'에서 왔으며 '사는 집, 묵을 곳'을
뜻한다.

27. 야리꾸리, 아리까리

이 두 가지 표현은 비슷하지만, 조금 다른 뜻으로 사용되고 있다.

"야리꾸리를 잘한다."라고 하면 '여기저기서 잘 변통하여 쓴다.'라는 뜻이고 "아리까리하다."라고 하면 '전망이 불투명하다.', '모호하다.'라는 뜻이다.

이 말 역시 일본어의 'やりくり[遣り繰り: 야리꾸리]'에서 왔으며 '주변, 변통'이라는 뜻이다. 그 응용으로 'やりくりさんだん[遣り繰り算段: 야리꾸리산단]'이라고 하는 것이 있는데 이는 '금전을 이리저리 둘러댐, 주변성'이라는 뜻으로 여기로부터 유래했을 가능성도 있다. 한편으로 '아리까리'도 '야리꾸리'에서 변형되어 사용된 것으로 보인다. "야리꾸리하기가 힘들다."라는 표현을 조금 장난스럽게 어감을 바꿔서 "아리까리하다."로 표현하게 되면서 비롯된 듯하다.

28. 야마

"야마 돌겠네.", "야마가 나갔다" 등으로 사용하는 '야마'는 한자로 '山'이라고 쓰고 일본어로 'やま'라고 읽는 단어로 말 그대로 '산'을 의미하나, '나사의 볼록 튀어나온 부분'을 뜻하기도 한다. 그러면 어떻게 해서 이 '야마'라는 단어가 '머리가 돌겠다.'라든가 '화가 머리끝까지 났다.'라는 뜻이 되었을까?

그 이유는 복잡한 기계를 조립하는 상황에서 너무 힘을 주어 '볼트의 나사산'이 뭉그러지면 순조롭던 기계 조립이 큰 난관에 부딪히게 되어 '머릿속이 복잡해지는 것'에 비유한 것이라고 할 수 있다.

원래의 일본어 단어는 'ねじやま[螺子山: 네지야마]'인데 줄여서 '야

마라고 한 것이다. 그 뜻은 말 그대로 '나사산'이지만, '야마'라는 단어가 사람의 '머리'에 비유되기도 한다는 점에서 '머리가 돌았다.'에 비유한 것으로 본다.

그 밖에 언론사에서도 이 단어를 쓰는데, 신문 기사의 '헤드라인(head line)'이나 '주요 메시지'를 '야마'라고 한다.

29. 야마시

"야마시 치지마!"라든가 "저 사람, 순 야마시꾼이야~!"와 같이 사용하는데, '거짓말하지 마!', '저 사람 순 사기꾼이야.'라는 뜻으로 사용되는 말이다.

여기서 이 '야마시'는 일본어의 'やまし[山師: 야마시]'에서 온 것으로 '광맥을 찾는 것을 업으로 하는 사람, 투기꾼'을 의미하는 단어인데, 이에 종사하는 사람들의 직업 특성상 사실과 다른 과장된 표현이 많다 보니 '사기'로까지 이어진 것이 많았을 것이므로, 그런 개념이 우리에게 구전되면서 '거짓말, 사기'라는 뜻으로 되었다.

30. 야매, 야미

"야매로 ~을 한다."라고 하면 뭔가 '불법으로 어떤 일을 한다.'라는 의미가 된다.

여기서 '야매'는 일본어 'やみ[暗: 야미]'에서 온 것으로 '어둠, 암거래'를 뜻하는 말이다. 하지만 이 단어는 원래 'やみとりひき[やみ取引: 야미도리히키]'가 그 원형으로 '암거래, 뒷거래'를 뜻하는데 이 단

어로부터 유래하여 '야미도리히키→야미→야매'로 되었다.

31. 야바위꾼

길거리에서 현란한 손짓으로 주사위 한 개를 세 개의 엎어놓은 밥공기 같은 곳에 숨기고 교묘하게 바꿔가면서, 알아맞히는 사람에게는 건 돈의 두 배를 주겠다고 하며 투전판을 운영하는 사람을 우리는 '야바위꾼'이라고 한다. 단어 속에 '바위'와 '꾼'이라는 우리말이 들어가 있으므로 우리말인 것으로 착각하는 사람들이 꽤 많을 듯하다. 그런데 이 말 역시 일본어에서 유래한 것이다.

일본어로 'やばい[야바이]'라고 쓰고 읽으며 그 뜻은 '위험', '안 좋다고 생각되는 일' 등이 된다.

그러한 뜻에서 그런 일을 하는 사람을 '야바이→야바위→야바위꾼'으로 변경하여 부르게 되었다.

32. 야사시, 야하다

봄이나 여름에 여성이 옷을 좀 계절에 앞서서 얇게 입거나 짧게 입은 것을 보았을 때 "옷을 그렇게 야사시하게 입었냐?"라든가 "내가 입은 게 좀 야사시하지 않냐?"와 같이 말하는데 이러한 '야사시' 또한 일본어의 'やさし[恥し, 優し: 야사시]'에서 온 것으로 '부끄럽다.', '이쪽이 초라할 정도로 아름답다.'와 같이 한 단어 속에 서로 대조적인 뜻을 갖고 있는 단어이다.

비슷한 뜻으로 '야하다'가 있는데, 이 또한 "야사시하다."를 줄여서 "야하다."로 말하게 된 것이 아닌가 싶다. 하지만 '야하다'에 대해서는 여러 가지 다른 설이 있으므로 저자의 설명은 일종의 가설로 남겨두고자 한다.

33. 야스리

당구장에서 사용하는 많은 일본어 중의 하나이다. 당구봉의 끝 팁 부분을 거칠게 만들어주는 '줄'을 말한다. 'やすり[鑢: 야스리]'라고 쓰고 읽으며 'やすりばん[鑢板: 야스리방]의 준말'이다.

34. 야지

우리가 어떤 일을 계획하거나 진행하려고 할 때, 반대 의견을 내거나 빈정거리는 사람을 보면 "야지 놓지 마!"라고 말하곤 한다.

이 말의 뜻을 보면, '괜히 방해하지 마라.'거나 '시끄럽게 떠들고 방해하지 마라.'라는 의미가 내포되어 있다. 그런데, 이러한 속어조차도 일본어에서 유래하였다는 것은 놀랍다. 일본어 사전을 보면 'やじうま[野次馬: 야지우마]'라는 것이 있는데, 이 단어의 뜻은 '까닭 없이 덩달아 떠들어 대는 일이나 그 무리'이다.

이 단어에서 유래하여 '야지'로 줄여서 사용하게 되었다.

35. 얄짤

"이번엔 얄짤 없다."라든가 "얄짤 없이 해야 한다."와 같이 사용하는 '얄짤'이라는 단어는 과연 어디에서 왔을까? 일단, 두 문장에서 '얄짤'의 뜻을 분석해 보면 앞의 문장은 '이번엔 용서 없다.' 정도의 뜻이고 뒤의 문장은 '빠짐없이, 틀림없이 해야 한다.'라는 뜻으로 해석할 수 있다.

이 단어 역시 일본어에서 온 것이다. 원래의 일본어 단어는 'やんちゃ[얀쨔]'로 그 뜻은 '(어린아이가) 응석을 부림, 떼씀, 장난'이다. 그것이 구전으로 사용되다 보니 '얀쨔→얄쨔→얄짤'로 변하면서 우리말 속에 들어와서 사용되고 있다.

그러니 위의 문장들에 원래의 뜻을 대입해 보면, '이번엔 장난 없기다.', '응석 같은 거 안 받아 준다.', '진지하게 해야 한다.' 정도의 뜻으로 해석된다.

36. 연짱

"연짱으로 고스톱의 선을 잡는다."든지 "연짱 해 먹는다."라는 식으로 사용하는 이 단어는 '계속해서'라는 뜻으로 사용되고 있는데, 과연 그 어원은 무엇인가? 마치 순우리말인 듯하지만, 그 기원은 일본어에서 찾을 수 있다. 일본어로 'れんちゃん[連チャン: 렌챵]'이라는 단어가 있는데 그 뜻은 '마작에서 선을 계속 잡음', '같은 일이 이어지는 것'이라는 의미이다. 한자 '連(연)'은 우리 발음으로 읽고 뒤의 '챵'은 일본 발음으로 그대로 읽은 것이 '렌챵→연 챵→연짱'과 같이 변하였다.

37. 애꾸눈

역사물의 영화나 드라마를 보면 전쟁의 부상, 눈의 질환 등으로 인하여 한쪽 눈이 없는 인물이 등장할 때가 있는데 이런 경우 조금 속된 표현으로 '애꾸눈'이라고 한다. 그런데 저자가 이 책을 쓰고자 마음먹은 초기에는 이것도 일본어에서 유래하지 않았을까 하는 의혹을 품고 자료를 찾아보았으나 실마리가 잡히지 않아 포기하게 되었다. 그러던 차에 일본어에 'えくぼ[笑くぼ: 에쿠보]'라는 단어가 있다는 것을 집필 중에 다른 단어를 조사하다가 발견하였는데 그 뜻은 '보조개'였다. 그것을 실마리 삼아 한쪽 눈알이 없는 모양이 정상적인 눈과 비교하면 움푹 들어간 모양이므로 그것을 보조개의 움푹 들어간 모양에 비유하여 속된 표현으로 '에쿠보 눈'이라고 하지 않았나 하는 추론을 해 보았다. 거기에 이르니, 그렇다면 일본어 자체에는 그런 표현이 없겠는가 하고 찾아보니 'めくぼ[目くぼ: 메쿠보]'라는 단어가 있었는데, 그 뜻은 '움푹 들어간 눈'을 의미한다는 것을 알게 되었다. 따라서 '에쿠보'나, '메쿠보'나 그 발음상으로도 비슷하고 단어의 뉘앙스상으로도 비슷하므로 '한쪽 눈이 없는 상태'를 표현하는 의미로 혼용되는 가운데에서 '에쿠보→에쿠→애꾸'로 되었든지, '메쿠보→메꾸→애꾸'로 변했을 가능성이 아주 크다고 할 수 있다.

38. 에로물(物), 에로 영화(映畫), 에로 드라마

우리가 문화적인 삶을 영위하다 보면 가끔 영화도 보고, 텔레비전을 통하여 드라마도 본다. 그중 한 '장르'라고 할 수 있는 '에로물'이 있다. 이 단어 역시 일본어의 영향을 받은 '외래어'다. '에로'에서의 '에'가 비슷한 우리말 발음인 사랑 '애(愛)'와 혼동되어 우리말이라고 여기시는 분들도 계시리라 생각한다.

하지만 이 단어는 영어 'erotic(에로틱: 성적인, 성애의)'을 일본어로 표기하는 과정에서 'エロチック[에로칙쿠]'라고 썼는데, 줄여서 말하기 좋아하는 일본인들이 다시 'エロ'로 줄여서 사용한 것을 우리가 그대로 받아들여서 쓰고 있는 것이다.

그 사용 예는 '에로 영화, 에로 드라마, 에로물, 에로 사이트, 에로 게임' 등 다양하다.

39. 에리

우리가 옷깃을 얘기할 때 흔히 '에리'라고 하는데, 이 말 역시 일본어에서 온 것이다. 'えり[襟: 에리]'라고 쓰며 '옷깃, 동정, 칼라, 목덜미'라는 뜻이다.

40. 에바

자동차에 들어가는 에어컨 부품 중에 '에바'라는 것이 있다. 자동차 실내에 냉기를 만들어 주는 핵심 부품이다. 언뜻 들어서는 그 어원을 알 수 없는 이 단어도 알고 보면 영어인 'evaporator(이베이퍼레이터)'의 일본식 표기인 'エバポレーター[에바포레-타-]'에서 유래한 것이다. 즉, 앞글자 두 개만 사용해서 '에바'라고 한 것이

다. '증발 장치(증발열을 이용하여 냉기를 만드는 장치)'라는 뜻이다.

41. 에어콘

바로 위의 단어 '에바'에 이어서 '에어콘' 역시 영어의 'air conditioner(에어컨디셔너)'의 일본식 표기인 'エアコンディショナー[에아콘디쇼나-]'의 줄임말로 '에아콘'이 '에어콘'으로 변화한 것이다.

42. 엑기스

'홍삼 엑기스'와 같이 자주 사용하는 '엑기스'라는 단어는 어디서 유래한 것인가?

이 말은 일본이 개화 초기에 네덜란드로부터 많은 외래 문물을 받아들였는데 이 단어 또한 네덜란드어의 'extract(엑스트랙트)'에서 유래한 것이다. '발췌, 추출물'을 뜻한다. 이를 일본어로 'ェキス[에키스]'라고 쓰고 읽은 데에서 지금의 '엑기스'가 되었다. 그 뜻은 '진액, 진한 액체'이다.

43. 엥꼬

"자동차가 엥꼬되었다."라고 하면 '연료가 바닥이 났다.'라는 뜻이다.

이 단어의 유래에 대해서는 몇 가지 설이 있다.

그 하나는 영어의 'ain't to go(에인트 투 고우)'에서 유래하였다는 설이다. 이를 해석한다면 '가지 못한다.'이다.

또 하나는 일본어의 'エンコ[엔코]'에서 유래하였다는 설이다. 이
단어는 히라가나로 쓰면 'えんこ[엔코]'로 어린아이의 말로 '털썩 주
저앉음'이다. 여기에서 유래하여 속어로 '탈것이 고장 나서 움직이
지 않음'을 나타나게 되었다. 그것을 우리가 그대로 사용하고 있
는 것이다.

44. 오꼬시

우리가 가끔 먹는 강정 모양의 과자를 흔히 '오꼬시 과자'라고
한다.

이 단어 역시 일본어의 'おこし[粗粒: 오코시]'에서 왔으며 그 뜻은
'밥풀과자, 찐쌀과 볶은 깨, 콩, 김, 등을 물엿으로 굳힌 과자'이다.

45. 오뎅

우리가 즐기는 간식 중의 하나인 '오뎅' 또한 일본어의 'おでん
[御田: 오뎅]'에서 왔다. '어묵 꼬치'를 말한다. 참고로 '田[でん]'은 '田
楽[でんがく: 덴가쿠]'의 약자이며, 다시 이는 'でんがくざし[田楽刺し: 덴
가쿠자시]'의 약자로 '한가운데를 꼬챙이, 칼 따위로 꿰는 일'이라는
뜻이다.

여기서, '田楽[でんがく: 덴가쿠]'의 원래 뜻은 농악으로부터 발달한
춤이며, 모내기할 때 주로 하였으나, 일본 역사의 '가마쿠라, 무로
마치(鎌倉, 室町時代) 시대부터 점차 대중화되어 놀이 모임에서 성행
했던 춤이라고 한다. 그러니 '오뎅'은 고된 농사일의 시름을 달래

주던 서민 음식으로부터 발생하여 놀이모임의 즐거움을 더해주는 음식으로 승화된 의미 있는 음식이라고 할 수 있겠다.

46. 오도리

'새우구이'에 쓰이는 싱싱한 보리새우를 '오도리'라고 하고 "웬 오두방정이냐?"라고 할 때도 '오도리 방정'이라고 잘못 표현하기도 한다. 이 말 역시 일본어의 'おどり[踊り: 오도리]'에서 온 것으로 그 뜻은 '춤, 무용'이다.

그런데 왜 보리새우를 '오도리'라고 하게 되었을까?

거기에는 두 가지 설이 있다. 즉, 일본에서는 싱싱하게 살아있는 보리새우를 '회'를 쳐서 먹는데, 회를 쳤는데도 입안에 넣고 씹을 때까지 살아있어서 입안에 경련 같은 움직임을 전해준다고 한다. 그것이 마치 춤추는 것 같다고 하여 붙여진 별명이라는 설이 그것이다.

이 '보리새우'가 우리나라에 전해지면서 '오도리 새우'라고 부르게 되었고 줄여서 '오도리'라고 부르게 되었다는 것이다. 우리는 이 '보리새우'를 회를 쳐서 먹기보다는 살아있는 채로 구워 먹는 방법을 택했는데, 구울 때 '팔딱팔딱' 뛰는 모습이 마치 춤을 추는 모습 같다고 하여 이래저래 그 이름이 걸맞게 되었다.

47. 오란다 빵

빵 이름 중에도 제법 많은 종류가 일본어에서 왔다는 것은 주지의 사실이다. 그중에서 '오란다 빵'이라는 것이 있다. 여기서 '오란다'라는 단어는 무슨 뜻일까? 이 단어 역시 일본을 통하여 들어온 단어이다. 일본어로 '네덜란드'는 '오란다'라고 한다. 일본은 개화 초기에 '포르투갈'과 많은 교류를 하였는데 포르투갈어로 '네덜란드'를 'Olanda(올란다)'라고 하였다. 이를 가타카나로 쓰면 'オランダ[오란다]'가 되고 이는 '네덜란드'를 뜻한다. 그러니까 '오란다 빵'은 '네덜란드식 빵'이라는 뜻이 된다. 우리가 그 단어를 그대로 받아들여서 쓰고 있는 것이다.

48. 오바

우리가 겨울철이면 애용하는 '오바'와 '잠바'. 마치 비슷한 유형의 옷이라서 그렇게 붙여진 이름 같지만, 그 어원은 전혀 다르다. 이들은 각각 영어의 'overcoat(오버코트)'라는 '긴 코트'와 'jumper(점퍼)'라는 '짧은 방한 상의'를 일본어로 표기하는 과정에서 'オーバーコート[오-바-코-토]'와 'ジャンパー[쟘파-]'로 쓰게 되었는데, 그것이 다시 우리나라로 전해지면서 각각 '오바', '잠바'로 불리게 된 것이다.

49. 오봉

음식점에서 사용하는 용어도 제법 많은 단어가 일본어에서 유

래하였다. 물론 집에서 쓰는 주방 용어도 마찬가지이다. 이 '오봉' 또한 일본어 'おぼん[お盆: 오봉]'에서 유래하였는데 '쟁반'이라는 뜻이다.

추석에 관한 동요 중에 '쟁반같이 둥근 달'이라는 가사가 나오는데, 왜 하필 둥근달을 '쟁반'에 비유하였을까?

저자는 우리 정서로 본다면 '엄마 얼굴같이 둥근달'이 더 좋았을 것 같다고 생각해 본 적이 있다.

저자의 생각으로는, 이것도 일본 문화의 영향을 받지 않았나 싶다. 왜냐하면, 일본에서는 '추석(秋夕)'을 '쟁반과 동일한 단어'인 '오봉[お盆]'이라고 하기 때문이다.

따라서 그 영향이 그 시대를 사셨던 이 노래의 작사자에게도 영향을 미치지 않았을까 싶다.

50. 오부리

'유흥 술집' 같은 곳에서 노래하고 악단에게 '팁'으로 지불하는 돈을 우리는 '오부리'라고 한다. 그런데 이 단어의 원뜻을 제대로 알고 쓰는 사람은 많지 않으리라고 본다. 이 말 역시 일본어에서 온 것으로 원래의 단어는 'おごり[奢り: 오고리]'인데 그 뜻은 '한턱냄'이다. 내가 노래했으니 그 좋은 기분 풀이로 악단에게 돈을 쏜다는 뜻이다. '오고리→오구리→오부리'로 변하여 사용하게 되었다.

51. 오사마리

공사 현장에서도 정말 많은 일본어가 사용되고 있는데 그중 하나가 '오사마리'다. "오늘은 이 정도에서 오사마리 지어."라는 식으로 사용하는데, '오와리', '시마이'와 비슷한 뜻으로 사용되고 있다. 이 용어 역시 일본어의 'おさまり[納まり: 오사마리]'에서 왔다. '수습, 매듭' 등의 뜻이다.

52. 오시 (3장 49항 '뒷담화' 도표 참조)

53. 오시레

요즘도 아파트를 지을 때 처음부터 만들어져 있는 '붙박이장'이 있다. 예전에는 '일본식 집'들이 제법 남아 있었는데, 이런 집에는 '오시레'라는 '붙박이장'이 있었다. 이 단어는 일본어 'おしいれ[押し入れ: 오시이레]'에서 온 것인데 '일본식 붙박이 벽장'을 말한다.

54. 오시핀

지금은 '압핀' 또는 '압정'이라고 하지만, 예전에는 '오시핀'이라는 말을 더 많이 썼다. 물론 지금도 연세 좀 드신 분들은 '오시핀'이라고 많이 하시는 듯하다.

이 역시 일본어 'おしピン[押しピン: 오시핀]'에서 온 것으로 '압정'이라는 뜻이다.

55. 오야

주로 계주를 일컬을 때, '계 오야'라는 말을 쓴다. 여기서 '오야'는 일본어의 'おや[親: 오야]'에서 온 것으로 '어버이, 부모, 선조, 원조'를 뜻하는 말이며 우리말에 전해지면서 발음이 비슷한 '오야붕'과 혼동되어, 어떤 모임의 '우두머리'라는 뜻으로 와전되었다.

56. 오야붕

어떤 단체에서 '윗사람' 또는 '우두머리'를 일컫는 말이다.

특히, 불법 단체의 두목을 특히 그렇게 많이 부르는데 이 말 역시 일본어 'おやぶん[親分: 오야붕]'에서 온 것이다. 원뜻은 '부모처럼 의지하는 사람'을 말했는데, 불법 단체의 두목을 의미하는 '보스(boss)'와 비슷한 개념의 용어라고 할 수 있다.

57. 오야지

직장에서 자기 상사를 일컫는 말 또는 본인의 아버지를 타인에게 칭할 때 속되게 '오야지'라고 말하기도 한다. 이 역시 일본어 'おやじ[親父: 오야지]'에서 온 것이다. '성인 남자가 허물없는 사이에서 자기 아버지를 일컫는 말' 또는 '직장의 책임자, 가게 주인, 노인 등을 친근하게 부르는 말'에서 유래하였다.

58. 오이꼬시

자동차를 운전할 때 다른 차를 추월하는 것을 다른 말로 '오이

꼬시'라고 하는데, 예전에는 자주 썼고 특히 전문 기사들 사이에서는 일종의 '전문 용어'로 사용되기도 했다. 이는 일본어의 'おいこし[追い越し: 오이코시]'에서 온 것으로 '추월, 앞지르기'라는 뜻인데, 지금은 일본식 한자를 그대로 사용하여 '추월(追越)'이라는 우리말로 고쳐서 쓰고 있다.

59. 오차

중국 음식점이나 분식집에 가면 따뜻한 '보리차'를 내오는 경우가 간혹 있는데, 예전에는 대부분의 음식점에서 '보리차'를 제공했다. 그런데, 이를 '보리차'라고 하지 않고 "오차 좀 주세요."라고 하는 경우를 종종 보았다. 지금도 연세 좀 드신 분들은 '오차'라고 하시는 분들도 계실 것이다. 이때의 '오차'는 일본식 차인 'おちゃ[お茶: 오쨔]'를 말하는 것이다.

그런데 재미있는 사실은 일본에서는 '보리차'를 'むぎちゃ[麦茶: 무기쨔]'라고 하여 제법 '고급 차'로 여긴다는 사실이고, 반면에 '오쨔[お茶]'는 마치 예전에 우리가 '보리차'를 내놓듯이 기본 음료로 제공한다는 사실이다.

이와는 반대로 우리나라에서는 '오차'가 '보리차'보다 '고급 차'로 대접받고 있다.

60. 오토바이

우리가 흔히 말하는 '오토바이'. 영어로 말한다면 '모터사이클

(motorcycle)'이거나 '모터바이크(motorbike)'가 되었을 텐데 '오토바이'가 된 것은 우리가 일본으로부터 이 문물을 받아들였기 때문이다. 일본어 표기법으로 'オートバイ[오-토바이]'인데 이는 'autobicycle(오토바이시클)'에서 유래한 일본식 영어의 일본식 표기라고 할 수 있다.

61. 오함마

공사장에서 자주 사용하는 용어도 일본어에서 유래한 것이 많은데 그중의 하나가 '오함마'이다. 얼핏 들으면 망치 크기에 따라 다섯 번째로 큰 망치를 나타내는 것으로 오해할 수 있으나, 이 역시 일본어의 '大ハンマー[おおハンマー: 오오함마-]'에서 유래한 것으로 '큰 망치'를 뜻한다.

62. 와꾸

"문의 와꾸가 잘 안 맞는다."든지 "일의 전체 와꾸가 어떻게 돼?"라는 식으로 사용하는데 그 뜻은 각각 '문틀이 잘 안 맞는다.'라는 뜻과 '일 전체의 대략적 구성이 어떻게 돼?'라는 뜻이다.

이러한 '와꾸'는 어감에서 쉽게 알 수 있듯이 일본어에서 온 것이다.

'わく[枠: 와꾸]'라고 쓰고 읽으며 '테두리, 테, 범위의 제한'이라는 뜻이다.

63. 와리

두 명 이상의 사람이 동업할 때 흔히 하는 말로 "와리 제(制)로 하자."라고 하는 경우를 본다. 여기서 '와리'는 일본어 'わり[割り: 와리]'에서 왔으며 그 뜻은 '나눔, 손득의 비율, 비례'를 말한다.

64. 와리가리

'왔다 갔다 연속해서 한다.'라는 뜻의 '와리가리'는 이전까지는 '왔다리 갔다리'였던 것이 더 줄어들어서 이렇게 되었다. 이제는 거의 순우리말처럼 느껴지는데, 그 어원은 아무래도 일본어의 'たり[타리]'라는 '접속 조사'가 우리말과 합쳐져서 사용되는 듯하다. 'たり[타리]'는 두 개의 단어를 나열하여 서술할 때 쓰는 말로 ~하기도 하고, ~고, ~든지'의 뜻이다. 그래서 일본어에서 'いったり きたりする[行ったり 来たりする: 잇타리 기타리스루]'라고 하면 '왔다 갔다 하다.'라는 뜻이 되는데 이 말의 유형을 우리말과 합성하여 비슷한 '뉘앙스'로 사용하게 된 것이다.

'잇타리기타리→왔다리 갔다리→와리가리'로 변하였다.

65. 와리깡

장사나 사업하는 분들이 자주 쓰는 말 중에 '어음 와리깡'이라는 것이 있다.

이는 어음의 만기일이 도래하기 전에 현금화하기 위하여 만기일까지의 날짜 수만큼의 이자를 미리 제하고 현금화하는 것을 말한다.

여기서 '와리깡' 역시 일본어에서 온 것으로 'わりかん[割り勘: 와리깡]'이라고 쓰고 읽으며 원래는 '각자 부담'이라는 뜻으로 우리말의 '더치페이'와 같은 뜻인데, 우리나라에서는 '어음 할인'이라는 뜻으로 와전되어 쓰이게 되었다.

66. 와리바시

중국 음식점이나 분식집에 가면 흔히 볼 수 있는 '나무젓가락'을 우리는 '와리바시'라고 부른다. 이 말 역시 일본어 'わりばし[割りばし: 와리바시]'에서 온 것이다.

그 뜻은 '나무젓가락, 위생저'를 말한다. 참고로 'わり'는 '나눈다'라는 뜻이고 'ばし'는 'はし[젓가락]'의 유성음화로, 앞 단어가 뒷 단어를 수식할 때, 또는 발음 편의상 발생하는 변음 현상이다.

67. 와리삔

진동이 많은 기계는 볼트나 너트가 풀리는 것을 방지하기 위하여 볼트 끝에 구멍을 내고 그 구멍에 핀을 끼운다. 이 핀의 끝이 두 갈래로 갈라지도록 만든 핀을 '와리삔'이라고 하는데 우리말로는 '분할 핀'이다.

이 단어 역시, 역시 일본어 'わりピン[割りピン: 와리삔]'에서 온 것으로 '분할 핀, 끝이 갈라지는 핀'을 말한다.

68. 와이담

텔레비전, 라디오 등의 토크쇼 같은 프로에서 가끔 나오는 '와이담'이라는 단어는 때로는 'Y談(와이담)'이라고도 표기하고 그 뜻은 '재미있는 에피소드'나 '재미있는 지어낸 이야기', '음담패설(淫談悖說)', '외설(猥褻)적 이야기' 등 그 뜻이 제법 광범위하다. 그런데 이 말 또한 일본어에서 유래하였다. 일본어로 'わいだん[猥談: 와이당]'이라는 단어가 있는데, 이는 '음담(淫談), 음란한 이야기'라는 뜻이다. 이 단어가 우리에게 구전되면서 '와이당→와이담→Y담'으로 변한 것이다.

69. 와이로

"와이로를 먹이다."와 같이 쓰는 말인데, '뇌물을 주다.'라는 뜻이며 이 역시 일본어에서 온 것이다.

한자로 '賄賂(회뢰)'라고 쓰고 'わいろ[와이로]'라고 읽고 쓴다.

즉, '뇌물'의 일본어 표현이다.

그런데 재미있는 것은 같은 한자를 놓고서 읽을 때, 'まいない[마이나이]'라고 읽으면 좋은 뜻인 '사례로 선사함, 선물'의 뜻이 된다는 것이다.

똑같은 한자인데도 그 용도에 따라 발음이 달라진다는 것은 재미있는 일이다.

그러면 실제 상황에서 '뇌물'과 '사례품'은 어떻게 구분할까?

저자는 사례품을 주는 시기에 따라서 달라진다고 본다. 즉, 사전에 주느냐, 사후에 주느냐에 따라 그 성격이 달라진다고 본다.

'팁(tip)'도 그렇다. 우리나라에는 그런 제도가 없지만, 미국 같은 외국에는 팁 문화가 존재한다. 서비스를 다 '받은 다음'에 그 감사의 뜻으로 적은 돈을 주는 것을 말하는데, 만일 서비스를 '받기전'에 미리 팁을 준다면 그것도 일종의 뇌물이 아닐까 하고 생각해 본다.

70. 와이샤츠

흔히들 와이샤츠의 '와이'를 영어의 'Y(와이)'로 생각하지만, 사실은 여기서 '와이'는 영어 'white'가 변하여서 '와이'가 된 것이다.

일본어 사전에서 'ワイシャツ[와이샤쯔]'를 찾으면 'white+shirt의 합성어', 'Yシャツ'라고 되어 있는 것을 보면 확실하다고 볼 수 있다.

'화이트 샤츠→화이샤츠→와이샤츠'로 되었다.

71. 와사비

이제는 거의 우리의 '향신료'처럼 되어 버린 '와사비'는 그 이름에서도 느낌이 오듯이 일본 음식 문화에서 유래한 것이라는 것은 잘 아실 것이다. 우리의 '겨자'와 비슷하지만, 재료 자체가 '겨자'와는 완전히 다르다. '겨자'는 '겨자의 씨'를 가공한 것이고 '와사비'는 '와사비(山葵: 산규)라는 식물의 뿌리를 가공한 것이다. 일본어로 'わさび[山葵: 와사비]'라고 쓰고 읽으며 순우리말로는 '고추냉이'라고 한다.

그리고 한 가지 더, 요즘은 '와사비'를 사용하기 편하게 '치약 용기' 같은 플라스틱 용기에 넣어서 짜 먹게 되어 있는데 이를 두고 '연와사비'라는 이름으로 부른다.

혹시 이것을 보고 '연한 와사비'라고 오해하시는 분들도 계실 것 같다. 하지만 여기에서 '연' 또한 일본식 한자를 그대로 우리 방식으로 읽은 것에 불과하다. 즉, '연(練)'이라는 한자를 쓰고 있는데 이 뜻은 일본어에서는 '물에 개다, 비비다.'라는 뜻이 있다. 그런 연유로 일본에서는 '練りわさび[네리와사비]'라고 부르는데, 이것을 우리가 그대로 읽어서 '연와사비'라고 부르게 되었다는 사실이다. 그러면 왜 굳이 '와사비'라고만 하지 않고 '練り[네리]' 자를 더해서 썼을까?

그것은 와사비를 오랫동안 즐겨 왔던 일본인들 나름의 여러 가지 보관 및 사용 방식 때문이다.

일본 사람들은 와사비를 대개 세 가지 종류의 방법으로 보관하는데 크게 '나마(生)와사비', '고나(紛)와사비', '네리(練)와사비'로 나눌 수 있다.

그 첫째 방법은 '생(生)와사비 뿌리'를 '사메하다(鮫肌: さめはだ: 상어 피부)'라는 '전용 강판'에 갈아서 '무즙'처럼 만든 후 더 이상 가공하지 않고 간장에 풀어서 '사시미' 등의 음식에 발라서 먹는 방법이다.

둘째는 '생와사비 뿌리'를 말려서 가루로 만든 후 필요할 때 물에 개어서 먹는 방식이다.

세 번째 방법은 '와사비 가루'에 여러 가지 양념을 가미하여 '크림 상태'처럼 만드는 것이다. 이를 '네리와사비'라고 하며 이것이 우리가 말하는 '연(練)와사비'인 것이다.

72. 왔다리 갔다리(8장 64항 '와리가리' 참조)

73. 요깡

요즘은 '양갱'이라고 하는데 한 세대 전만 해도 일반적으로 '요깡'이라고 하는 말을 더 많이 썼고, 지금도 연세 좀 드신 분들은 무심코 사용하게 되는 단어이다.

이 역시 일본어의 'ようかん[羊羹: 요오깡]'에서 왔으며 원래의 명칭은 'ねりようかん[練羊羹: 네리요오깡]'이다. 우리도 그대로 일본어를 읽어서 '연양갱'이라고도 하는데, '영양갱'으로 잘못 발음하시는 분들도 많은 듯하다.

이때의 '연(練, 鍊, 煉)'도 '연와사비'의 '연'과 같은 의미라고 할 수 있다.

74. 요시

"요~시~! 두고 보자!"라고 사용되는 이 문장의 뜻은 '그래~ 두고 보자!'라는 정도로 해석되는 문장이다. 그러면 이때의 '요시'는 무슨 뜻일까? '우~씨~' 정도의 약한 욕 같은 것일까? 아니다. 이 역시 일본어에서 왔다는 것을 아시는 분은 드물 것이다.

일본어 'よし[良し, 縱し: 요시]'에서 왔으며 '좋다, 알았다, 에라~'라는 뜻이다. 그러니까 위의 문장은 '좋아~! 두고 보자!'라는 뜻이라고 볼 수 있다.

75. 요이땅

달리기 시합 출발 전에 하는 말로 '준비~! 땅!'이라는 출발 구호
이다.

이 말 역시 일본어에서 온 것으로 'ようい! どん![用意! どん!: 요오이!
동!]'에서 온 것이다.

그 뜻은 '준비! 땅!'이다.

76. 요지

음식점에서 음식을 다 먹은 후에 "여기 요지 없어요?"라든가
"요지 좀 주세요."와 같이 많이 사용하는 이 단어는 잘 아는 바와
같이 '이쑤시개'라는 뜻이다.

이 말 역시 일본어인데 'ようじ[楊枝: 요오지]'라고 쓰고 읽으며 '이
쑤시개'라는 뜻으로 'つまようじ[爪楊枝: 쓰마요오지]'의 줄임말이다.

77. 우가이

감기에 들렸거나 해서 목 안의 편도선이 부었을 때, 소금물을
만들어서 입안에 넣고 고개를 뒤로 젖힌 상태에서 공기를 밖으로
불어서 목 안을 씻는 작업을 '우가이'라고 한다. 요즘은 자주 쓰
지 않을지도 모르겠으나, 저자의 어린 시절에는 흔히 듣던 말이
고 지금도 60세 전후의 분들은 가끔 쓰실 것이다. 이 단어 역시

일본어의 'うがい[嗽: 우가이]'에서 온 것으로 '약이나 물 등을 입안에 머금고 헹구는 일'을 의미한다.

우리말로는 '양치(養齒)질'이라고 하는데, 요즘은 '양치질'의 의미가 '칫솔로 이를 닦는다.'라는 협의적인 의미가 된 듯하다. 그러나, 한자의 뜻으로 보아서는 '치아를 잘 보존하기 위한 행위'라고 볼 수 있으며, 광범위하게는 '입안의 위생을 위하여 행하는 전반적인 행동'을 의미하는 것으로 이해하면 좋을 것이다.

78. 우끼

이 단어도 제법 다양하게 쓰이는 편이다.

낚시할 때 어신을 알려주는 '낚시찌'를 의미하기도 하고, 수영할 때 가라앉지 않게 하는 '수영 튜브'라는 뜻이기도 하며, 기계 장치에서 '뜨개' 역할을 하는 것도 '우끼'라고 한다. 이 말 역시 일본어의 'うき[浮き: 우키]'에서 온 것으로 그 뜻은 '낚시찌, 부표, 수용 부낭, 튜브' 등이다.

79. 우동

1장의 '가께우동'에서 설명한 바 있는데, 일본어로 'うどん[饂飩: 우동]'이라고 쓰고 읽으며 '일본식 가락국수'를 말한다. 여기서 한자 '饂(온)'은 '밀국수'를 의미하고, '飩(돈)'은 '경단'을 의미한다. 그러니까 '경단을 곁들인 밀로 만든 국수'라는 뜻이 된다. 참고로, 옛날에는 '밀'이 아주 귀한 재료였다고 한다. 이것을 볼 때 굳이 '밀

국수'라는 '饂(온)'의 표현을 쓴 이유를 짐작할 수 있다.

80. 우라

옷의 '안감이나 속'을 이야기할 때 '우라'라는 말을 쓰는 경우를
본다. 이 역시 일본어에서 온 용어로 'うら[裏: 우라]'라고 쓰고 읽으
며 '옷의 안, 속면'을 의미한다.

재미있는 것은 일본에서 '야구의 전반', '후반'을 각각 '오모테[表]',
'우라[裏]'라고 한다는 사실이다. 굳이 번역하면 표면, 속면이라고
할 수 있으니 옷감에서 '우라'라는 표현의 뉘앙스를 느낄 수 있게
하는 예가 아닌가 싶다.

81. 우라까이

예전에 물자가 부족하던 시절, 헌 옷의 경우 겉이 너무 낡으면
옷의 재봉 부분을 분해한 후에 옷감을 뒤집어 다시 조립하여 새
옷처럼 재생했다. 어떤 경우에는 일부러 질감을 다르게 하려고
원래 안으로 사용하기로 되어 있는 쪽을 일부러 겉으로 뒤집어서
만드는 경우가 있다. 바로 이것을 일본어로 'うらかえし[우라카에시]'
라고 하는데 '뒤집기'라는 뜻이다. 이 말이 사용하는 과정에서 '우
라카에시→우라카에→우라까에→우라까이'로 변하였다.

82. 우라마와시

3장의 '뒷담화'에서 당구 용어로 설명하였다.

'うらまわし[裏回し: 우라마와시]'로 '뒤돌려 치기'를 말한다.

83. 우리끼리

1장의 '끼리끼리'에서 설명한 바 있는데 '끼리'는 일본어의 'きり[切り: 키리]'에서 온 것으로 ~만, ~뿐'이라는 뜻의 '한정사'이다. 우리말의 '우리'와 합쳐져서 '우리만'이라는 뜻으로 사용하게 된 것이라고 본다.

84. 우메보시

매실을 식초에 절여서 만든 '우메보시' 역시 일본어의 'うめぼし[梅干し: 우메보시]'에서 온 것으로 일본의 전통 음식 중의 하나이다. '우메보시'는 소화를 돕고 여름철에 혹시 모를 상한 음식으로부터 생기는 식중독을 예방하고 위를 보호한다고 한다.

과거 일본에서는 우메보시가 여행 시에 꼭 지참하는 음식이었다고 하는데, 물이 바뀜에서 오는 배탈을 예방하기 위한 건강 음식이었던 것이다.

85. 우와기

옷을 입을 때 자주 쓰는 '우와기'라는 단어는 마치 우리말 같기도 하지만 이 역시 일본어 'うわぎ[上着: 우와기]'에서 온 것으로 '옷의 윗도리' 또는 '겉옷'이라는 뜻이다.

86. 우찌마끼 (7장 31항 '소도마끼' 참조)

7장의 '소도마끼'에서 설명한 바 있는데, '소도마끼'는 밖으로 말아서 처리한 머리 스타일이고 '우찌마끼'는 반대로 머리카락을 안으로 말아서 처리한 머리 스타일을 말한다. 둘 다 일본어 'そとまき[外巻き: 소토마키]', 'うちまき[内巻き: 우찌마끼]'에서 온 것이다.

87. 우찌바리

자동차의 내장재를 통틀어서 '우찌바리'라고 한다. 차 문의 안쪽 판넬도 '우찌바리'라고 하는데 이 역시 일본어 'うちばり[内張り: 우찌바리]'에서 온 것으로 '안쪽에 천이나 종이를 바름'이라는 뜻에서 자동차 내장재를 의미하게 되었다.

88. 운쨩

운전기사를 약간 속되게 부를 때 '운쨩'이라고 하는데 이 또한 일본어에서 온 것이다. 일본에서도 운전사를 부를 때, 'うんちゃん[運ちゃん: 운쨩]'이라고도 하고 사전을 찾아보면 '운전수(멸시 또는 친밀감을 가지고 부르는 말)'라고 되어 있다.

재미있는 사실은 일본에서는 예전부터 운전하는 사람을 '운전수[運轉手:うんてんしゅ: 운텐슈]'라고 하였고 지금도 동일하지만, 우리나라는 '운전수→운전사→운전기사'로 시대가 지남에 따라 그 호칭의 뉘앙스가 상향 조정되었다.

그와 유사한 것이 있다면 '간호사'이다. 예전에는 '간호부'였는데,

시대가 지남에 따라 '간호부 간호원 간호사'로 변하였지만, 일본에서는 여전히 '간호부[看護婦: かんごふ: 캉고후]'라고 하고 있다. 참 흥미로운 일이다.

89. 웨하스

이 과자의 이름 또한 '산도'와 마찬가지로 영어식 과자 이름을 일본인이 도입하는 과정에서 일본식 표기법으로 쓴 것이다.

영어로는 'wafers(웨이퍼스: 얇고 바삭하게 구운 과자)'인데, 일본어로는 'ウェハス[웨하스]'라고 표현할 수밖에 없었기 때문이다.

90. 유가

건축, 건설 업계에도 일본어에서 유래한 표현이 많다는 것은 주지의 사실이다. 그러나 가깝게는 집에서 사용하는 건자재 계통의 용어에도 일본어가 자주 발견되는데 그 어원조차 잘 모르고 쓰는 경우가 종종 있다.

그중의 하나가 '유가'이다. 그 뜻은 목욕탕이나 화장실의 바닥에 있는 물이 빠져나가는 구멍을 덮고 있는 '이물질 거름망 겸 하수 악취 방지용 커버'를 말한다. 이 단어는 일본어의 'ゆか[床: 유카]'로부터 온 것으로 '마루 또는 바닥'이라는 뜻이다. 목욕탕 바닥의 배수구 부품을 '床排水用品[ゆか はいすい ようひん: 유카 하이스이 요오힝]'이라고 하고 더 넓은 범위의 용어로는 '배수관계 바닥장치'를 통틀어서 'ユカ マテリアル[유카 마테리아루]'라고 하는데 이는

'material(머터리얼)'의 일본식 발음이다. 한편, 배수관계 바닥재를 만드는 회사 중에 'ユカマテリアル株式會社[유카 마데리아루 가부시키 가이샤]'이라는 회사가 있는데 이 회사 제품이 이 분야에서 많이 팔리다 보니 회사 이름의 앞부분이 제품의 이름이 되었을 가능성도 크다.

이러한 경우는 앞에서의 다른 단어 설명에서도 많이 나왔는데, '포크레인'이 회사 이름인데도 '굴착기'라는 뜻으로 쓰이고 있고, '클랙슨'이 '경음기'라는 뜻으로 사용되는 예와 유사한 경우라고 할 수 있다.

어느 경로를 통했든지, 일본어에서 유래한 단어임은 틀림없다고 하겠다.

91. 유담뿌

요즘은 전기담요나 전기장판이 이불 속 보조 난방 기구로 많이 사용되고 있으나 예전에는 '유담뿌'라는 것이 있어서 온돌방이 아닌 경우에 이불 속 보조 난방 기구로 사용되곤 하였다. 이 물건은 납작한 형태의 도자기나 양철로 만들어져 있어서 그 속에 더운물을 넣고 뚜껑을 잘 밀폐한 후에 수건 등으로 감싸서 가슴이나 다리 사이에 품고 이불 속에서 자는 형태로 사용하는 물건을 말한다. 이 제품 역시 '다다미' 문화가 발달한 일본으로부터 들어온 관계로 그 명칭을 그대로 우리가 쓰게 된 것이다.

'ゆたんぽ[湯たんぽ: 유탐뽀]'라고 쓰고 읽으며 우리말로는 '탕파(湯

婆)라고 한다.

'유탐뽀→유담뿌'로 변하였다.

92. 유도리

우리가 흔히 대화 중에 하는 말 중에서 "너는 왜 그렇게 '유도리'가 없냐?"라든가 "물건 가격에 '유도리'가 없어서 너무 깎으시면 안 돼요!"라는 식으로 사용하는 '유도리'라는 단어는 문장상의 쓰임새를 보면 '융통성, 여유' 등의 뜻으로 쓰이고 있다. 어찌 보면 순우리말 같기도 하지만, 이 단어 역시 일본어 'ゆとり[유토리]'에서 온 것으로 그 뜻은 일본어에서도 정확하게 '시간, 정신적 여유, 간격'을 말한다.

93. 이노시카쵸

화투놀이 할 때 등장하는 단어 중에 '이노시카쵸'라는 것이 있다. 화투패 중에서 '7월의 멧돼지', '10월의 사슴', '6월의 목단에 있는 나비'의 세 가지 패를 잡으면 '이노시카쵸'라고 한다. 특히 '육백'이라는 화투 놀이에서 '띠 이노시카'라는 용어가 등장하는 것을 볼 수 있는데, 어감에서 금세 일본어라는 것을 알 수 있지만 왜 그런 이름을 갖게 되었는지는 모르시는 분들이 많으시리라고 생각된다.

이는 이 화투패에 등장하는 동물들의 이름을 이어서 나열한 것이라고 할 수 있다.

즉, '멧돼지', '사슴', '나비'라는 뜻으로 일본어로 각각 '猪[いのしし: 이노시시]', 鹿[しか: 시카], '蝶[ちょう: 쵸오]'를 연속해서 읽은 것이다. 그러니까 '띠 이노시카'는 '이노시카쵸'에 해당하는 6, 7, 10월의 '띠'만을 모은 것이라고 할 수 있다.

94. 이모노

주물 작업과 관련된 현장에서는 '주물'이라는 용어보다는 '이모노'라는 단어를 좀 더 전문가적인 느낌이 나는 용어로 여기고 사용하는 듯하다. 이는 일본어 'いもの[鑄物: 이모노]'에서 왔으며 '주물'이라는 뜻이다.

95. 이바리

기계 부품을 가공하고 나면 그 모서리나 구멍 주변에 쇳밥 모양의 '거스러미'가 생기는데 이것을 '이바리'라고 하고, 그 제거 작업을 흔히 '이바리 작업'이라고 한다.

또한, 금속 주물 제품이나 플라스틱 금형 제품 등에 재료 주입구의 흔적이 조금씩 붙어있는 것도 '이바리'라고 한다.

이 용어 또한 일본어의 영향을 받은 것인데, 일본 또한 서양의 기술을 받아들여서 기계 공업이 발달했기 때문에 서양의 영향을 많이 받았으므로 기계 가공 용어에 외래어가 많고 어떤 것은 일본식 한자로 대체하기도 하였다.

여기서 '바리'라고 하는 것은 영어의 'burr(버어)'에서 온 것이다.

이를 일본이로 쓴 것이 'ばり'이다.

'ばり: 금속, 플라스틱 등의 가공 과정에서, 제품의 가장자리에 남아 있는 거스러미'

한편, '이'는 주형 작업에 의해서 나온 제품을 'いもの[鑄物: 이모노]'라고 하므로 '이모노 바리'를 줄여서 '이바리'라고 하게 된 것이다.

그래서 그와 유사한 '거스러미나 불필요한 부위' 형태의 것을 모두 '이바리'라고 하게 되었다.

96. 이찌방

"내가 '이찌방'이야~!", "너 '이찌방'해라."와 같이 사용하는 이 단어 또한 일본어에서 온 것으로, 'いちばん[一番: 이찌방]'이라고 쓰고 읽으며 '일 번, 첫째, 일등, 상책, 제일, 가장' 등의 뜻이다.

97. 이자카야

요즘 길거리에서도 자주 볼 수 있는 '이자카야'는 보통 '일본식 주점'이라는 의미로 통용되지만, 이 단어의 뜻을 안다면 좀 더 정확한 뉘앙스를 느낄 수 있을 것이다.

일본어로 쓰면 'いざかや[居酒屋: 이자카야]'로 원래의 의미는 '선술집', '목로주점'이라는 뜻이다. 하지만 요즘은 비교적 화려한 일본식 주점을 의미하게 된 듯하다.

98. 인프라

많은 단어가 외래어인 우리나라에서 특히 일본식 영어의 외래어를 많이 발견할 수 있다. 그중의 하나가 '인프라'이다. 이는 영어의 'infrastructure(인프라스트럭쳐)'를 일본어로 표기하는 과정에서 'インフラ ストラクチャー[인후라 스토락챠-]'라고 쓴 것을 줄여서 'インフラ[인후라]'라고 했는데, 발음 편의상 '인프라'로 사용하고 있는 것이다. '기초 구조, 경제 기반, 산업 기반'이라는 뜻이다.

99. 입빠이

"탱크에 물을 입빠이 채워!"라든가 "술을 입빠이 했다."라는 식으로 사용하는 '입빠이'는 의미상으로 볼 때, '가득', '최대한'이라는 뜻이다. 이 말 역시 일본어에서 온 것인데, 'いっぱい[一杯: 잇빠이]'라고 쓰고 그 뜻은 '한 잔, 한 그릇'이지만, '한 그릇 가득 채운 모양'이라는 뜻으로도 사용되고 있다.

100. 잉꼬

새의 이름조차도 일본어에서 온 것이 있다는 사실은 놀라운 일이다.

'잉꼬'가 그 예인데, 이 새의 종류가 일본을 통하여 들어왔기 때문일 것이다.

'いんこ[鸚哥: 잉코]'라고 쓰고 읽은 것을 우리가 그대로 사용하고 있다.

그러니 힌자의 원뜻은 우리가 아는 '잉꼬 새'가 아니고 '앵무새과'의 새를 통칭하는 것인데 지금의 우리에게는 '잉꼬 새'만을 지칭하는 단어가 된 것이다.

9장

'ㅈ, ㅉ, ㅊ'으로 시작하는
단어들

1. 쟈바라

주름진 표면을 갖고 있어서 신축성 있게 늘이거나 줄일 수 있도록 만든 천이나 고무 재질의 막 또는 둥근 관 형태의 물건을 흔히 '쟈바라'라고 부른다.

이 말 역시 일본어에서 온 것으로 'じゃばら[蛇腹: 쟈바라]'라고 쓰고 읽으며 원래는 예전 '구형 사진기의 주름상자'나 '아코디언의 주름상자'를 의미하였는데, 한자를 보면 알 수 있듯이 '뱀의 배' 모양을 닮아서 그렇게 부른 것이라 여겨진다.

2. 쟈부동

'방석'을 흔히 '쟈부동'이라고도 한다. 어떻게 보면 우리말의 다른 표현인 것 같지만, 이 말 역시 알고 보면 일본어에서 온 것이다.

일본어로 'ざぶどん[쟈부동]'이라고 쓰고 읽으며 '방석'이라는 뜻이다.

3. 쟈크

우리가 옷을 입을 때 단추 대신 많이 사용하는 '지퍼(zipper)'를 흔히들 '쟈크'라고 부르기도 하는데, 특히, 예전에는 대부분의 사람이 '쟈크'라고 했다.

그러나, 이 '쟈크'라는 용어는 원래는 지퍼 상표명의 하나인 'Chack(쟉)'로부터 온 것으로 이를 일본 사람들이 'チャック[쟈크]'라고 표기하면서 일반 명사화되었다.

이것은 마치 굴착기 회사 이름인 '포크레인(Poclain)'이 '굴착기'라는 뜻으로 된 것과 자동차용 경음기를 만드는 회사 이름인 '클랙슨(Claxon)'이 '경음기'라는 뜻으로 된 것과 같은 경우이다. 이 두 용어 역시 처음 개발하거나 많이 사용된 제품을 만든 회사의 이름이 일반 명사화된 것이다.

4. 장껨뽀

저자의 어릴 때 기억으로는 '장께미뽕'이라고 했었던 놀이 방식의 하나이다.

어릴 때부터 지금까지 '가위바위보'를 이렇게 불렀는데, 역시 일본어로부터 온 것이다. 'じゃんけんぽん[쟝껭뽕]'이라고 쓰고 읽으며 줄여서 'じゃんけん[じゃん拳: 쟝껭]'이라고도 하고 다른 말로는 'いしけん[石拳: 이시껭]' 또는 'いしかみ[石紙: 이시가미]'라고도 한다.

우리가 '바위'라고 하는 것에 해당하는 'いし[石: 이시]'와 '보'에 해당하는 'かみ[紙: 가미]'가 등장하는 것을 보니 동일한 놀이 방법인 것은 확실한데, 정작 '가위'에 해당하는 단어는 보이지 않는다. 하지만 비슷한 놀이인 '묵찌빠'가 있는데 이것은 일본어의 'ぐうちょきぱあ[구우쬬끼빠아]'라는 놀이로부터 온 것이다. 구전으로 전해지다 보니 시간이 지나면서 '구우쬬끼빠아'가 '묵찌빠'로 변했다. 여기에서 '구우'가 '바위'이며, '쬬끼'가 어린이 용어로 '가위'에 해당하고, '빠아'가 '보자기'에 해당한다.

5. 장주(場周), 장주비행(場周飛行)

'공군'이나 '민간 조종사' 또는 '비행 관련 종사자'들은 '비행장주'라는 용어를 잘 아실 것이다. 이 용어를 듣는 일반인들은 '주' 자가 들어가 있으므로 언뜻 '활주로'에 관련된 용어가 아닐까 하고 생각할 수도 있을 것이다. 그러나 이를 한자로 표기하면 '飛行場周'라고 쓰는데, '비행'이나 '비행장'과 관련이 있는 용어라고 쉽게 이해할 수 있을 것이다. 하지만, 뒤에 오는 '場周'나 '周'는 그 해석이 참 모호하다. 그러면 이 용어는 과연 무슨 뜻일까?

그것을 알기 위해서는 이 용어의 원어인 영어를 알아볼 필요가 있다.

이 용어를 영국에서는 'airfield traffic pattern(에어필드 트래픽 패턴)'이라고 하고 미국에서는 'air traffic pattern(에어 트래픽 패턴)'이라고 한다.

그 의미는 '비행장 활주로 주변의 1,000~1,500ft(약 300~450m) 상공'에 그려진 '가상의 사각형 모양'의 '비행경로(飛行經路)'를 말한다.

즉, 비행기의 입출항을 원활하게 하기 위하여 가상의 '비행경로'를 설정해 놓은 것을 말하는데, 이 용어의 일본식 번역이 '飛行場周り 飛行経路[ひこうじょうまわり ひこうけいろ: 히코오죠오마와리 히코오케에로]'이다. 이것을 우리가 번역하는 과정에서 한자를 그대로 읽어서 '비행장 주비행 경로(飛行場 周飛行 経路)'라고 번역하였다.

그러나 용어가 너무 길고 우리말의 운율과 잘 맞지 않으므로,

다시 '비행장주 비행경로'와 같이 '띄어쓰기'를 하고, 이를 다시 줄여서 '장주비행경로(場周飛行経路)' 또는 '장주경로(場周経路)'라고 썼으며 그 경로를 따라서 비행하는 행위를 '장주비행(場周飛行)'이라고 하게 된 것이다.

그러니, 한글로만 된 '장주비행'이라는 용어만을 보고 그 의미를 짐작할 만한 사람이 얼마나 되겠는가? 차라리 영어 단어를 그대로 사용했다면 초심자들이 더 이해하기 좋았을 것 같다. 대학에서 학문을 배우고 연구할 때, 왜 차라리 영어 원서로 공부하는 것이 편하다고 하는지도 알 듯하다.

6. 짬빱, 짬밥

군대에서 먹는 밥을 예전에는 '짬빱'이라고 해서 "짬만 나면 먹어야 하고, 먹어도 먹어도 배고프다."라는 표현을 썼다. 그만큼 군대 훈련이 에너지를 많이 소모했기 때문일 것이다. 지금도 군대 밥을 조금 비하하는 뜻으로 그렇게 부르는 분들이 많으시리라고 생각된다.

그렇다면 왜 그렇게 부르게 되었을까?

'밥'이라는 우리말이 들어 있으니 당연히 우리말인 것 같지만, 이 또한 일본 군대 용어에서 유래하였다는 사실을 아시는 분들은 많지 않으리라고 생각된다. 저자보다도 더 이전의 군대였던 1960년대의 군대에서는 소위 '졸병'이라고 하는 '하급 병사'일수록 항상 먹을 것이 부족하였다. 반대로 '상급자'들은 조금 여유가 있

었던지라 먹다가 밥을 남기기도 하였는데, 이렇게 '상급자'들이 먹다가 남긴 밥조차도 '하급 병사'들에게는 귀한 요깃거리가 되었던 것이다. 그래서 상급자가 먹다가 남긴 밥, 즉 '잔반(殘飯)'이라도 먹어서 고픈 배를 달래지 않을 수 없었는데, 이 '잔반'의 일본어 발음이 'ざんぱん[잔빵]'인 것이다. 그것으로부터 조금 비하하는 듯한 느낌으로 군대의 밥을 '짬빱'이라고 부르게 되었다. '잔빵→잠빵→짬빱'으로 변하였다.

7. 짬뽕

중국 음식점에서 '짜장면'과 쌍벽을 이루는 음식인 '짬뽕'의 이름 역시 일본어에서 유래하였다. 'チャンポン[攙烹: 참뽕]'이라고 쓰고 읽는 중국에서 유래한 일본화된 중국식 국수인데, 한자의 우리말 발음은 '참팽'이고, 그 뜻풀이를 해 본다면 '혼합하여 삶은 음식'이라고 할 수 있다.

일본어 사전을 찾아보면, '고기와 볶은 채소에 국수와 수프를 넣어 끓인 음식'을 뜻한다.

8. 쌩

"우리 학교에서 쌩이다."라고 하면 '학교에서 제일 싸움 잘하는 학생이다.'라는 뜻을 갖고 있기도 하고 '어느 한 분야를 제일 잘하는 학생'을 의미하기도 한다.

이 단어는 두 가지 유래설이 있어서 어느 것이라고 확정하기는 힘들지만, 첫 번째 추정으로 일본어의 뜻과 발음이 비슷한 단어를 찾아서 그 뜻을 풀어 보고자 한다.

일본어에 'ちゃんちゃんばらばら(쨩쨩바라바라)'와 'ちゃんちゃん(쨩쨩)'이라는 단어가 있는데, 각각 '시끄러운 싸움, 앙숙'이라는 뜻과 '척척'이라는 뜻이 있다. 그러니 어감상으로 '척척 싸움을 잘하는 학생'이라는 뉘앙스가 있어서 이 단어를 쓰게 된 것이 아닌가 하는 생각을 해 본다.

반면에 우리말의 '반장'이나 '부반장'을 나타내는 한자인 '장(長)'이 '우두머리'라는 뜻이 있다는 데에서, 싸움을 잘하는 학생을 '짱'이라고 부르게 되었다는 설도 있다.

그러나 어느 설에서 유래하였다고 단정하기보다는, 두 가지의 유래가 서로 연관성이 있지 않을까 하는 생각을 해 본다.

9. 제무시 트럭

산간 오지의 벌목장에서 경사진 비포장 험로를 누비는 '산판 트럭'을 흔히 '제무시 트럭'이라고 한다. 인터넷에서 찾아보니 '무시무시한 제무시 트럭'이라는 제목으로 소개한 곳도 있었다. 그런데, 이 '제무시 트럭'도 알고 보면 미국의 자동차 회사인 'General Motor Company(제너럴 모터스 컴퍼니)'의 약자인 'GMC(지엠씨)'를 일본어 표기법으로 'ジーエムーシー[지-에무-시-]'라고 쓰고 읽었는데, 바로 여기에서 유래하였다. 즉, '지 에무 시→제무시'로 변한 것이다.

10. 조로

저자가 어릴 때, 소변을 자주 보게 되면 어른들이 놀리기를 '조로 고추'라고 했던 기억이 있다. 이때의 '조로'는 오줌 누는 모양을 '물뿌리개'에 비유하여 귀엽게 보아서 쓴 말인 것 같다. 그러면 어떻게 하여 '조로'가 '물뿌리개'란 뜻이 되었을까? 그 이유는 역시 일본어와 관계가 있다. 즉, 일본이 서양 문물을 받아들일 때 '포르투갈'과도 많은 교류를 하였는데, 이때 들여온 물품 중에 서양식 '물뿌리개'가 있었다. 이것의 포르투갈 단어가 'jorro(조로)'였으며 이를 일본어로 'ジョーロ[죠-로]'라고 표기했던 것이다. 이를 우리가 그대로 받아들여서 '조로'라고 부르게 되었다.

11. 조리 신발

우리가 여름에 많이 신는 '슬리퍼 모양'의 신발을 흔히들 '조리 신' 또는 '조리 신발'이라고 부르는데, 이 또한 'ぞうり[草履: 조오리]'라는 일본어에서 온 것으로 '일본 짚신, 샌들'을 의미한다. 이것을 우리가 그대로 받아서 쓴 것이다.

이 단어도 우리말에서 흔히 발견되는 '겹말'이라고 할 수 있다.

12. 조바, 죠바

저자가 젊은 시절에 지방에 출장을 가거나 할 때, 지금의 모텔에 해당하는 여관에 가면 여관의 '카운터'에서 일하면서 여러 가지 잡일까지 담당하여 일하는 여성 직원을 흔히 '조바'라고 불렀다.

이 말 또한 알고 보면 일본어에서 온 것이다.

즉, 'ちょうば[帳場: 쵸오바]'라는 일본어에서 유래된 말로 그 뜻은 '여관의 계산대', '그곳에서 일하는 사람'이다. 즉, 요즘 말로는 '카운터', '여직원'을 말한다.

13. 조방, 죠방

건물을 지을 때나 집의 인테리어 공사를 할 때 많이 사용하는 용어 중에 '조방'이라는 것이 있다. '조방 힌지'라든가 '조방 현관문', '조방 방화문'과 같이 사용한다.

이때의 '조방'이라는 것은 문의 '경첩' 또는 '힌지(hinge)'를 말하는데 이 '조방'이라는 용어 역시 일본어에서 온 것으로 'ちょうつがい[蝶番: 쵸오쓰가이]'라고 쓰고 읽으며 '경첩'이라는 뜻이다. 그런데 왜 우리에게는 '조방'으로 알려졌을까?

그 이유는 동일한 일본 발음의 한자 표기로 '丁番'이라고 쓰고 그것을 'ちょうばん[쵸오방]'이라고 읽은 데에서 기인한 것으로 보인다. '蝶番' 또한 일본어의 '음독(音讀: 한자 발음대로 읽는 것)'으로 읽으면 'ちょうばん[쵸오방]'이 된다. 그러니까 '훈독(訓讀: 뜻을 풀이하여 읽는 것)'으로 읽어야 할 것을 발음하기 쉽고 짧은 '음독'으로 읽은 것이 우리에게 구전되었다고 본다.

14. 조시, 죠시

"몸의 조시가 안 좋다."라든지 "자동차의 엔진 조시가 안 좋다."

라는 식으로 표현하는 '조시'는 요즘 말로 표현하자면 '컨디션, 상태' 등의 뜻으로 풀이가 된다. 그러면 이 말은 어떻게 하여 쓰게 되었을까? 이 역시 일본어 'ちょうし[調子: 쵸오시]'에서 온 것으로 그 뜻은 '상태, 기세, 장단'을 나타낸다.

15. 쪼끼

양복을 입을 때, 상의 바로 밑에 입는 '쪼끼'라는 소매 없는 옷이 있다.

이 단어도 일본이 이 제품을 외국으로부터 도입하면서 외국어 표기법에 따라서 포르투갈어 'jaque'를 'チョッキ[쵸키]'라고 쓰면서 그것을 우리가 그대로 받아들여서 쓰게 된 것이다.

한편, '맥주 쪼끼'에서의 '쪼끼'는 그 어원이 다르다.

이는 영어의 'jug(저그)'를 가타카나로 'ジョッキ[쬭키]'라고 쓰면서 '손잡이가 달린 큰 맥주잔'을 의미하게 되었는데, 그것으로부터 유래하여 우리가 '맥주 쪼끼'라고 사용하게 되었다.

16. 쪽가위

가위 중에서 크기가 한 손에 들어갈 정도로 작고 손가락 끼우는 구멍이 없는 가위를 '쪽가위'라고 한다. 주로 재봉 일을 하는 곳에서 재봉줄을 빠르게 자르거나 간단히 천을 자를 때 쓰는 가위이다.

이 단어도 일견 순우리말인 것 같으나 앞의 '쪽'은 아무래도 일

본어 'ちょき[쬬끼]'에서 온 것으로 추정된다. 일본어로 보통의 가위는 'はさみ[하사미]'이지만, '쬬끼'는 어린아이 말로 '가위'다. 그래서 '가위바위보' 놀이에서 나오는 '가위'의 일본어가 '쬬끼'이다. 인지와 중지로 만들어내는 '가위'의 모양이 '쪽가위'와 비슷하다고 할 수 있다. '쬬끼 가위→쪽가위'로 된 것이 아닌가 하고 추정해 본다.

17. 준세이, 준셍이 부품

자동차 정비 업체나 부품 공급 대리점에서 흔히 사용하는 용어 중에 '준셍이' 또는 '준세이', '준셍이 부품'이라는 용어가 있다.

이 또한 일본어에서 온 것으로 'じゅんせい ぶひん[純正 部品: 준세이 부힝: 순정부품]'이라고 쓰고 읽던 것이 구전되면서 '준셍이'라고 부르게 된 것이다.

18. 쥬부, 쥬브, 주브

자전거나 오토바이 바퀴에 들어가는 '고무 튜브'를 '쥬부'라고도 한다.

이 단어 역시 영어의 'rubber tube(러버 튜브)'를 일본어로 표기하는 과정에서 'チューブ[쥬-부]'라고 표기하였는데, 그것이 구전되면서 '쮸부→쥬부'로 변하여 사용하게 되었다. 원래의 뜻은 '관(管), 통(筒), 고무관'이다.

19. 지라시, 찌라시

"여의도의 증권가 찌라시."라든가 "찌라시를 돌린다."라는 식으로 사용하는 '찌라시'는 어감에서도 벌써 일본어 느낌이 오는데도 마치 우리말처럼 자연스럽게 쓰는 단어가 되었다. 이 말의 어원은 일본어의 'ちらす[散らす: 찌라스]'라는 '동사'로 그 뜻은 '흩뜨리다, 분사시키다.'이다. 다시 이것의 명사형이 'ちらし[散らし: 찌라시]'인데, 이 단어의 뜻이 '전단지, 광고 종이'라는 의미로 여기로부터 우리가 자주 쓰는 '찌라시'라는 단어가 되었다. 우리말로 하면 '전단지'라고 할 수 있지만, 이미 '찌라시'라는 말에서 만들어진 '뉘앙스'는 되돌리기가 어려울 것 같다.

20. 지루박

저자가 청년 시절에는 신문이나 잡지에 가끔 춤을 배우라는 광고가 실리곤 했는데 그 춤 이름들이 너무 재미있었다. '도돔바, 탱고, 도롯또, 지루박'. 정말 희한한 발음의 춤이라고 생각했다. 그중에서도 '지루박'이 제일 궁금했다. '박'이 들어가니 무슨 '박을 두드리며 추는 춤'인가 하고도 생각했었다.

이 춤의 이름 또한 일본을 통하여 들어오다 보니 영어를 일본어로 표기하는 과정에서 'jitterbug(지터벅)'이 'ジルバ[지루바]'로 되었고 다시 우리말로 '지루박'이라는 사교춤을 일컫는 말이 되었다.

21. 지리

'복 지리'라고 복요리 전문점에서 많이 사용하는 '지리'라는 단어는 복을 이용한 맑은국을 말한다. 그런데 왜 '복국'이라고 하지 않고 '복 지리'라고 할까? 그 이유는 이 단어 또한 일본어에서 유래했기 때문이다. 'ふぐじる[ふぐ汁: 후구지루]'라고 쓰고 읽으며 '복국'을 뜻한다. 즉, '지루→지리'로 변하여 사용되고 있는 것이다.

22. 찌꾸

저자가 청소년이던 시절에 머리에 바르는, 요즘으로 말하면 '무쓰'같은 화장품을 '찌꾸'라고 했던 기억이 난다. 요즘도 연세 좀 드신 분들은 이 단어를 무심코 쓰시리라고 생각된다.

이 단어는 '화장품'의 영어 표기인 'cosmetic(코스메틱)'을 일본어로 표기하는 과정에서 'コスメチック[코스메찍쿠]'라고 표기하였는데 이를 줄여서 'チック[찍쿠]'라고도 했던 데서 비롯되었다. 일본어 사전을 찾아보면 '화장품의 총칭, 두발용 화장품(チック)'과 같이 설명된 것을 보면 그 어원은 확실한 것으로 보인다.

'찍쿠→찌꾸'로 변하였다.

23. 찌찌

우리가 무심코 아이들에게 젖을 먹일 때 "자~ 찌찌 먹자~"라고 하는데, '유아 용어'라고만 알고 있었지만, 이 말 또한 일본어에서 왔다는 것을 알면 놀랄 것이다.

'ちち[乳: 찌찌]'로 쓰고 읽으며 '젖, 유방'을 뜻한다.

24. 찐따

좋지 않은 표현이지만, 속된 표현으로 다리를 절며 걷는 것을 보고 '찐따'라는 표현을 쓴다. 이 말의 어원도 알고 보면 일본어에서 왔다고 추정된다. 혹자는 일본어의 '찜빠'에서 유래 후 변형되었다는 분도 있으나, 저자의 견해로는 일본어 'ぜんじゅうじじんたい[前十字 靭帯: 젠쥬우지 진따이]'로부터 왔을 가능성이 크다고 본다.

왜냐하면, 요즘도 군 입대 면제 판정의 주요 원인 중의 하나가 '전방 십자인대'의 파열인 경우가 많기 때문이다. 그것으로부터 유추하여, 과거의 일제 시대에도 징병에 끌려가지 않는 조건 중에 이 병명이 있었을 것으로 추정된다. 이 용어의 길이가 너무 긴 탓에 줄여서 '진따이'로 표현되던 것이 자주 사용되는 과정에서 '진따이→진따→찐따'로 되어 구전되면서 그 의미가 조금 와전된 듯하다.

25. 찜빠, 찜바

"자동차 엔진이 '찜빠'한다."라고 쓰기도 하고 "과장한테 '찜빠' 먹었다."라고도 쓰는 이 단어는 '엔진이 비정상적으로 작동한다.'라는 뜻과 '윗사람에게서 꾸중을 들었다.'라는 뜻으로 해석된다. 하지만 이 단어 또한 일본어에서 온 것으로 'ちんば[跛: 찜바]'라고 쓰고 읽으며 '절름발이'라는 뜻이다.

'꾸중 들었다.'라는 뜻은 '상사와의 의견 충돌이 있는 상태(서로 삐걱거리는 모습을 절름거림에 비유)가 때로는 꾸중으로까지 이어졌음에 비유하여 그 의미가 와전된 것이라고 본다. '찜바→찜빠'로 변하였다.

26. 천정, 덴죠

집이나 사무실의 윗부분을 일컫는 말로써 흔히 '천정(天井)'이라는 용어를 쓴다.

그러나 저자가 어릴 때만 해도 '천장(天障)'이라고 했었는데, 어느 사이엔가 '천정'으로 통용되게 되었다. 그 이유 또한 일본어의 영향이 크다고 본다. 일본어에서는 '天井'이라고 쓰고 'てんじょう[덴죠오]'라고 읽는데 이를 우리 발음으로 그대로 '천정'이라고 읽게 된 것이다. 심지어는 일본 발음 그대로 '덴죠'라고 하는 경우도 상당히 많다. 그러나 우리말로는 '천장'이라고 하는 것이 옳다(3장 30항 '덴죠' 참조).

27. 츄레라

대형 견인 트럭이 끄는 '동력 없이 견인되는 차량'을 일컫는 용어이다.

영어로는 'trailer(트레일러)'인데 이를 일본어로 'トレーラー[토레-라-]'라고 쓰고 읽은 것을 우리가 받아들이는 과정에서 '토레라→츄레라'로 변형하여 쓰게 된 것으로 추정된다.

28. 츄리닝

이 단어 또한, 영어의 'training suit(트레이닝 수트)'를 일본어로 표기하는 과정에서 'トレーニング スーツ[토레-닝구 수-쓰]'라고 쓰고 읽었는데, 단어가 길다 보니 줄여서 '토레닝구수-쓰→트레닝→츄리닝'으로 변형되어 쓰게 된 것으로 추정된다.

10장

'ㅋ'으로 시작하는
단어들

1. 카도

누군가 길을 물었을 때 그 대답으로 "저쪽에 보이는 '카도'를 우측으로 돌아서 가면 돼요."라든가 "저기 '카도 집'이에요."라고 말하는 경우가 종종 있다. 이때의 '카도'는 '꺾이는 부분', 즉 '코너'를 의미한다. 이 말 역시 일본어 'かど[角: 카도]'에서 온 것으로 '구석, 길모퉁이'라는 뜻이다.

2. 카라

"옷 카라가 안으로 접혔네.", "옷 카라가 너무 넓다."라는 식으로 많이 쓰는 이 단어도 일본식 영어 표기법을 우리말에 그대로 도입한 데에서 유래하였다. 영어로는 'collar(칼러)'로서 '옷깃'이라는 뜻이며, 색이라는 뜻의 'colour(컬러)'와 발음은 유사하나 스펠링이 조금 다르다.

가타카나로 'カラー[collar: 카라-]'라고 쓰고 읽으며 '양복이나 와이셔츠의 깃'을 의미한다.

3. 카레

'카레라이스'라는 음식 이름으로 많이 알려진 '카레'도 원래의 영어는 'curry rice(커리 라이스)'인데, 이를 먼저 받아들인 일본이 'カレーライス[카레라이스]'라고 표기한 것을 줄여서 사용하면서 '카레'라고 부르게 되었다.

4. 카렌다

'달력'이라는 우리말이 있지만 '카렌다 걸'이라든지 '카렌다 메모'라고 할 때는 '카렌다'라는 영어 표기를 사용하는 경우를 종종 본다. 영어 표기로 'calendar'를 우리말로 표기했다면 '캘린더'라고 썼을 것이나 아쉽게도 일본식 영어 표기를 그대로 받아들여서 쓰다 보니 '카렌다'가 된 것이다.

그 외에도 수많은 외래어가 이러한 비슷한 과정을 겪으면서 잘못된 발음으로 사용되고 있는 것이 우리의 현실이다.

5. 캄프라치

"옷에 홈이 난 것을 '캄프라치' 하기 위해서 브로치를 단다."든지 "저기 저 얼룩 좀 캄프라치 해 봐!"와 같이 사용하는 이 단어는 영어의 'camouflage(카머플라즈)'를 일본식 표기법으로 'カムフラージュ[카무후라쥬]'라고 쓰고 읽은 데에서 비롯되었다.

'카무후라쥬→캄프라치'로 변하여 사용하고 있다.

6. 컨닝

커닝도 일본식 영어 표기에 의하여 우리의 외래어 같이 사용하고 있으나 실제 영어는 'cheating(치팅)'을 우리의 '컨닝'과 같은 뜻으로 사용하고 있다.

'컨닝'은 영어로 표기하면 'cunning(커닝)'인데 그 뜻은 '정교함, 교활함'이므로 '시험 부정행위'와는 뜻이 다르다. 그러나 어떤 이

유에서인지 일본에서는 그 의미가 왜곡되어 일본식 표기법으로 'カンニング[칸닝구]'라고 쓰게 된 것인데, 지금도 일본에서는 '시험 부정행위'를 뜻한다. 이것이 '칸닝구→컨닝'으로 변하여 지금도 우리가 사용하고 있는 것이다.

7. 코스프레

요즈음 많이 쓰는 이 용어는 영어의 'costume play(카스툼 플레이)'에서 온 것으로 일본어 표기로 'コスチューム·プレー[코스츄-무 뿌레-]'라고 한 것을 줄여서 'コスプレ'라고 한 것인데, 이것을 우리가 구전으로 그대로 받아들여서 쓰고 있는 것이다.

그 뜻은 '만화 속 등장인물을 본떠서 분장하는 행위나 사람'을 말한다.

일본에는 '코스프레 카페', '코스프레 레스토랑'도 있어 만화 속 등장인물로 분장하고 '서빙'을 한다고 한다.

8. 콘센트

7장의 '사시꼬미'에서 한 번 언급한 바가 있는데, 전기 장치를 연결하는 부위의 명칭으로, '콘센트'는 '암놈'에 해당하고 '플러그'는 개념상 '수놈'에 해당한다. 즉, '콘센트'는 벽에 붙어있는 '전기 공급 장치'를 말한다.

그러나 '콘센트'는 'concentric plug(콘센트릭 플러그)'를 그 어원으로 하고 있다고 '일본어 사전'에 나와 있지만, 실제로는 어떠한

'영어 사전'에도 '플러그를 꽂는 곳'이라는 의미는 없으며 일본이 이 용어를 도입하는 과정에서 잘못 표현한 일종의 '재플리쉬 (Japlish: 일본식 영어)'라고 할 수 있다.

미국에 가서 충전하기 위해 'concentric plug(콘센트릭 플러그)'가 있는 곳이 어디냐고 묻는다면 알아듣지 못할 것이다. 왜냐하면, 영어로는 'power outlet(파워 아웃렛)' 또는 'power receptacle(리셉터클)', 'power point(파워포인트)'라고 부르기 때문이다.

9. 콩가루 가족

집안의 위계질서가 엉망이라든지 식구들 각자의 하는 짓들이 엉망인 경우에 우리는 흔히 '콩가루 집안'이라고 한다.

여기서 왜 하필 '콩가루'가 '엉망진창'의 뜻이 되었을까? 의심해 보신 분도 계시겠지만, 그저 그런가 보다 하고 생각하신 분들도 많을 것이다.

거기에는 몇 가지 설이 있다.

첫째는 '콩가루'가 한 번 불면 '훅' 날아가 버리고 물에 넣어서 '미숫가루'로 만들려 해도 잘 합쳐지지 않고 '제멋대로'인 데서 유래하였다고 하는 설이 있다.

다른 하나는 '콩'을 망치로 내려치면 사방으로 튀어 버리는 데서 유래했다는 설이다.

하지만, 저자는 다른 의견을 제시해 보고자 한다. 그것은 혹시나 일본어에서 왔을 수도 있다는 생각을 지울 수 없기 때문이다.

일본어에 'こんがらがる[콩가라가루]'라는 단어가 있는데 '헷갈리다, 얽히다, 뒤엉키다'라는 뜻을 갖고 있다. 즉, '헷갈리는 집안이라는 뜻과 일치한다.

앞의 두 가지 유래보다는 더 지금의 용어에 그 뜻과 뉘앙스가 가깝다고 생각된다.

10. 쿠사(1장 35항 '고도리' 참조)

11. 쿠사리(1장 52항 '구사리' 참조)

12. 쿠사비(5장 17항 '메지' 참조)

13. 쿠세

"저 사람은 쿠세가 심하다."라든가 "무슨 쿠세로 저러냐?"와 같이 사용하는 '쿠세'는 예문의 어감상으로 본다면, '하는 짓'이나 '힘, 이유' 정도로 보인다.

이 단어 또한 일본어로 'くせ[癖, 曲: 쿠세]'에서 왔으며 '버릇, 결, 중심 가락'이라는 뜻이다.

14. 큐 브레키

운전 시의 위기 상황 등을 설명하면서 "그 순간 내가 '큐 브레키'를 콱 밟았거든~"과 같이 사용하는 이 단어는 마치 영어로

'Q(uick) brake(퀵브레이크)'와 같다는 착각을 줄 수 있지만, 이 단어 역시 일본어에서 온 것이다.

즉, 앞의 '큐'는 한자로 쓰면 '急(급)'의 일본어 발음으로 'きゅう[큐 위'라고 쓰고 읽는다. 뒤에 오는 '브레키'는 영어의 'brake(브레이 크)'를 'ブレーキ[부레-키]'로 표기한 것을 우리가 그대로 받아들여서 쓰고 있는 것이다.

즉, '급제동'이라는 뜻이다.

15. 큐사리

3장에서 언급했던 당구 용어에서도 많은 일본어가 사용되고 있는데 그중 하나가 '큐사리'이다. 다른 비슷한 말로는 '다마사리' 가 있다.

이 말의 어원은 일본어의 'さわり[触り: 사와리]'로 '닿음, 닿는 느낌' 이라는 뜻이다. 즉, '당구 큐대'로 '공'을 건드리든지 '몸'의 일부가 '공'을 건드리는 것을 말한다. '사와리→사리'로 변하여 '큐사리', '다 마사리'로 쓰이게 되었다.

16. 큐큐(2장 5항 '나나이치, 나나인치' 참조)

11장
‘ㅌ, ㅍ’으로 시작하는
단어들

1. 타마구

저자가 어릴 때 지금 말로는 '구슬치기'를 많이 하고 놀았는데, 그때는 구슬치기를 '다마 치기'라고 했다. '다마'의 종류에는 '유리 다마', '쇠 다마' 등이 있었는데 가끔 '타마구 다마'라는 것도 있었다. 그것은 각각 '유리로 된 구슬', '기계에서 빼어낸 베어링 구슬', '콜타르를 둥글게 빚어서 만든 구슬'을 의미했다. 그중에서 어떻게 해서 '콜타르'를 '타마구'라고 했을까? 그것 역시 영어를 일본어로 옮기는 과정에서 일본어 표현을 우리가 그대로 받아들여서 쓰게 된 것이 그 원인이다.

그것은 영어의 'tarmac(타-막)'에서 온 것으로 '아스팔트 포장재' 또는 '방수재'로 쓰이는 석유 화학 부산물의 검은 반고체를 말한다.

여기서 좀 더 그 어원을 찾아보면 'tarmac(타-막)'은 'tar-macadam(타르-매커덤)'의 약자이며 'tar(타르)'는 석유 부산물이고 'macadam(매커덤)'은 '도로포장용 돌' 또는 '돌 포장도로'를 말한다. 따라서 '타르와 돌을 섞은 도로포장용 자재'가 '타르매커덤'이며 '그것으로 만든 도로'라는 뜻도 된다.

일본어로 'タールマカダム[타-르마카다무]'라고 쓰고 읽으며 줄여져서 '타마구'로 되었다.

'타-루마카다무→타-루마쿠→타마구'

2. 타스

흔히 '연필 한 타스'라고 많이 쓰는 이 단어도 알고 보면 영어를 일본어로 옮기는 과정에서 일본어 표현으로 표기한 것을 우리가 그대로 받아들여서 쓰게 된 것이다.

영어로는 'dozen(다즌)'인데 'ダース[다-즈]'가 되었다. '다스→타스'로 변하였다.

3. 타이루

요즘은 '타일'이라고 비교적 정확하게 발음하시는 분들도 많지만, 아직도 습관적으로 '타이루' 또는 '다이루'라고 부르시는 분들이 적지 않다.

이 단어 역시 영어를 일본어로 표기한 것을 우리가 그대로 받아들인 것이다.

영어로는 'tile(타일)'인데 이를 일본어로 옮기는 과정에서 'タイル[타이루]'가 되었고 그것을 우리가 그대로 쓰고 있는 것이다.

4. 테레비

정확한 외래어 표기법으로는 '텔레비전'이라고 해야 하지만, 편하게 '테레비'라고 많이 사용한다. 이 단어 역시 영어 'television (텔리비전)'에서 온 것으로 일본어 표기법은 'テレビジョン[테레비죤]'이나 더 줄여서 'テレビ[테레비]'라고 하게 되었다.

5. 폭스트롯, 도롯또

춤의 한 종류인 '폭스트롯'은 '지루박'과 더불어 재미있는 이름의

'서양 춤'이다.

그러나 이 또한 일본이 우리보다 먼저 서양 문물을 받아들이다 보니 일본식 발음을 따라 하지 않을 수 없었다. 영어의 'foxtrot(팍스트롯)'에서 온 것으로 일본어 표기법은 'フォクストロット(호쿠스토롯토)'로, 줄여서 '토롯토'라고 한 것이 '도롯또'로 변하였다.

6. 핀트

"사진을 모처럼 찍었는데 핀트가 안 맞았다."라는 말을 자주 쓴다. 여기서 '핀트'는 무슨 뜻일까? 영어에서 왔을까? 실은 이 용어는 네덜란드어에서 비롯되었다. 네덜란드어로 'brand'punt(브란트핀트)'라는 단어가 있는데 그 뜻이 '사물의 초점, 중심, 겨냥, 중심점'이라는 뜻이다. 이 단어가 일본어로 옮겨지는 과정에서 'ピント[삔토]'라고 줄여서 말하게 되었고 그것이 우리나라에 그대로 전해진 것이다.

'삔토→핀트'로 변하였다.

12장

'ㅎ'으로 시작하는
단어들

1. 하꼬방

아주 작은 방이나 집을 두고 일컫는 '하꼬방'이라는 말이 있다.

'はこ[箱: 하꼬]'라는 '상자'를 의미하는 일본어에 '방'이라는 우리말이 합쳐져서 '작은 방이나 집', '판잣집'을 의미하게 되었다.

2. 하꼬비

일본이나 중국같이 가까운 외국을 오가면서 부가 가치가 높은 물건을 짧은 시간 내에 수화물로 이동시켜서 수익을 올리는 '보따리 장사'를 '하꼬비'라고도 한다.

이 단어 역시 일본어 'はこび[運び: 하코비]'에서 온 것으로 그 뜻은 '운반', '일의 진행', '그 솜씨'라는 뜻이다.

3. 하도메

자동차를 경사진 곳에 세워둘 때, 만약을 위해 바퀴 밑에 끼우는 돌이나 나무 등을 "하도메 한다." 또는 "하도메 친다."라고 한다. 이 또한 일본어에서 온 것으로 'はどめ[歯止め: 하도메]'라고 쓰고 읽으며 '바퀴의 회전을 막는 장치'를 말한다.

한편 '가죽 공예'나 '천막', '현수막'을 만드는 곳에서 구멍을 뚫고 금속 링을 끼우는 것을 '하도메 작업'이라고 한다. 영어로는 'eyelet(아일릿)'이라고 하는데 이때의 '하도메'는 'はとめ[鳩目: 하토메]'로 'と'에 '니고리'가 없으므로 발음과 표기한 한자가 조금 다르다. 직역하면 '비둘기 눈'인데, 그 모양을 비유한 단어라고 할 수 있다.

그 외에도 가죽 공예 분야에서 사용되는 일본 용어가 더 있는데 그것을 열거해 보면 '가시메, 가시메 우찌, 가시메 다이, 가시메 캡, 가시 도트, 가시 스냅, 가시 도트 아일릿' 등이 있다.

그리고 저자가 가죽 공예 분야의 용어를 조사하다가 발견한 더 놀라운 사실은 미술 분야에서도 제법 많은 일본 용어들이 그대로 사용되고 있다는 사실이다.

그것은 '와꾸, 와꾸바리, 스기목, 마끼, 아사천, 반아사천, 면천, 세목, 중목, 황목' 등이다.

이들 각각의 뜻을 도표로 나타내 보았다.

[가죽 공예 분야에서의 일본어 유래 단어와 의미]

일본어 유래 용어	원래의 일본어	뜻	비고
가시메	かしめる→かしめ [가시메]	고정시키다, 고정	caulking(코킹)
가시메 우찌	かしめ打ち [가시메 우찌]	가시메 치기 공구	caulking tool(코킹 툴)
가시메 다이	かしめだい [가시메 다이]	가시메 밑판 공구	
가시메 캡	かしめ キャップ [가시메 캅뿌]	가시메 전면	caulking cap(코킹 캡)
가시 도트	かしめ ドット [가시메 돗토]	구멍 없는 가시메	caulking dot (코킹 닷)
가시 도트 아이렛	かしめ ドット アイレット [가시메 돗토 아이렛토]	구멍 있는 가시메	caulking dot eyelet (코킹 닷 아일릿)
가시 스냅	かしめ スナップ [가시메 스납뿌]	똑딱단추	caulking snap(코킹 스냅)

[미술 분야에서의 일본어 유래 단어와 의미]

일본어 유래 용어	원래의 일본어	뜻	비고
와꾸	わく [枠: 와꾸]	테두리, 테	캔버스 틀
와꾸바리	わくばり [枠張り: 와꾸바리]	캔버스 천 땅김 공구	
스기목	すぎもく [杉木: 스기모꾸]	삼나무	삼나무
타카	タッカー	타정기(打釘機)	tacker(태커)
마끼	まき [巻き: 마키]	감은 것, 롤	캔버스 천을 감아놓은 것
아사천	あさいぬの [浅い布: 아사이누노]	얇은 천	일본어+우리말
반아사천	はんあさいぬの [半浅い布: 한아사이 누노]	덜 얇은 천	일본어+우리말
면천	綿 [めん: 멘]	보통 무명천	일본 한자의 우리 발음
세목	ほそめ[細目]	올이 가는 천	
중목	なかめ[中目]	올이 중간 크기의 천	
황목	あらめ[荒目·粗目]	올이 굵은 천	

4. 하리 핀, 하루 삥

이 단어는 핀을 수식하는 단어로 '하리'가 쓰이고 있는 형태이다. '하리'는 일본어에서 '바늘'이라는 뜻이고 '핀'은 영어의 'pin'으로 '고정 장치'라는 뜻이다. 그러니 '바늘같이 가느다란 핀'이라는 뜻이 된다.

'はり[針: 하리]라고 쓰고 읽으며 '바늘'을 뜻한다.

5. 하바

"하바가 얼마나 돼?"라고 사용할 때의 '하바'도 일본어에서 온 것이다. 'はば[幅: 하바]'라고 쓰고 읽으며 '폭, 너비'라는 뜻이다.

6. 하바리

이 말은 앞서 7장에서 소개한 바 있는 '시다바리'와 비슷한 어원을 갖고 있을 것으로 추정된다. '시타'라는 일본어의 한자가 下(하)이므로 '시다바리'에서 파생되어 사용되었을 가능성이 크다. 하지만 그 뜻에 있어서는 '시다바리'와는 사뭇 다르다.

즉, "쟤는 나보다 '하바리'야!"라고 하면, 그 뜻은 '한 수 아래'라는 뜻으로 어떤 기술이나 능력이 나보다 못하다고 비하하여 말할 때 이 표현을 더 많이 쓴다.

7. 하이바, 화이바

군에서도 철모 밑에 쓰는 가벼운 플라스틱제의 안전모를 '화이바' 또는 '하이바'라고 하고 '오토바이 헬멧'도 '하이바'라고 한다. 이 단어는 영어의 'fiberglass reinforced plastic(화이버글래스 리인포스드 플라스틱)'에서 온 것으로 요즘은 흔히 'FRP(에프알피)'라고 하는 것인데 일본이 이를 표기할 때 'ファイバーグラス[화이바-구라스]'라고 썼고 다시 줄여서 'ファイバ[화이바]'라고 쓴 것이다. 이것을 우리가 그대로 받아들여서 쓰고 있다. '강화 유리섬유'라는 뜻이다.

8. 하이카라

"멋진 하이카라 옷을 입었네~"라는 식으로 사용하는 이 단어는 영어의 'high collar(하이칼라)'에서 유래한 것인데, 이를 일본어로 표현한 것을 우리가 그대로 사용한 것이라고 볼 수 있다.

가타카나로 'ハイカラ[하이카라]'라고 하면 원래는 '메이지 시대'에 '서양풍의 복장이나 생활양식'을 일컫는 단어였던 것이 '세련된 물건이나 사람'을 일컫는 단어로 시대의 변화와 더불어 변하였다.

여기서 말하는 '카라'는 영어의 'collar(칼라)'가 '화이트칼라', '블루칼라'처럼 '사무 근로자', '현장 근로자'라는 표현으로 사용된 것과 같이 '어떠한 사람의 부류'를 나타내는 의미도 갖고 있다. 그러니까 '하이카라'는 '아주 고급 부류의 사람'을 일컫는 말이었는데, '멋진, 고급의'라는 의미로 변하여 사용하게 되었다.

9. 한방, 두방

"주먹으로 한방 쳤다.", "한방에 날려버려~"라고 할 때 자주 쓰는 이 '한방'도 '하나'를 의미하는 '한'과 일본어의 '番[ばん: 방]'이 합쳐져서 마치 우리말처럼 사용되고 있다.

그러니까 '주먹으로 한 번 쳤다.', '한 번에 날려버려.'라는 뜻이지만, 좀 더 말의 강도가 센 표현으로 토착화된 것 같다.

10. 한소데

'소데나시'와 더불어 '반소매'를 '한소데'라고 하시는 분들이 제법 많다.

이 단어 역시 일본어에서 온 것으로 'はんそで[半袖: 한소데]'라고 쓰고 읽는 것을 우리가 그대로 구전되어 사용하는 것이라고 할 수 있다.

11. 한쓰봉

'쓰봉'은 7장에서 이미 소개한 바 있는데, '바지'라는 뜻이다. 또한, 바로 앞의 '한소데'와 같은 맥락의 단어로 '반(半)'이라는 뜻이 내포되어 있다.

'はんズボン[半ズボン: 한즈봉]'이라고 쓰고 읽는 데서 유래하였다.

'한즈봉→한쓰봉'

12. 한탕 뛴다

우리가 흔히 어떤 일을 단기적으로 크게 '한 건 하다.'라는 뜻으로 "한탕 뛴다."라는 표현을 쓴다. 마치 '분탕질(焚蕩질: 재산을 다 없앰, 소동을 일으킴)'이라는 익숙한 단어에서의 '탕'과 같은 개념으로 이해하는 듯하지만, 여기서 '탕'은 영어의 'turn(턴)'에서 온 것으로 추정된다. 특히, 버스와 같은 운수업에서 사용하는 경우 종점에서 종점으로 한 바퀴 도는 것을 '한탕(one turn: 원턴)'이라고 했다.

'ターン[탄]'이라고 쓰고 '탄→탕'으로 변하였다.

13. 함바 식당

공사장 부근에서 공사 기간 동안 운영되는 현장 식당을 '함바 식당'이라고 한다.

여기서 말하는 '함바' 역시 일본어에서 온 것으로 'はんば[飯場: 한바]'라고 쓰고 읽는데 일본어 사전에는 그 뜻이 '현장 합숙소'라고 나와 있다. 하지만 한자를 보면 '밥 먹는 장소'라는 뜻임을 알 수 있다. 그러니 '함바 식당'이라고 쓰는 것은 일본어 사전적인 의미로 보면 그 뜻을 제대로 사용하고 있다고 볼 수 있으나, '식당'이라는 단어가 중복된 '겹말'에 속한다고 할 수 있다.

어쨌든 '현장 임시 식당'이라는 의미로 우리말에 자리매김하였다.

14. 함빠

일본어로 '쪼가리, 반편' 등의 뜻으로 5장 '메지'에서 이미 설명하였다.

15. 핫바지

6장의 '바지사장'에서 자세히 설명한 바 있는데, '핫바지'도 같은 맥락의 일본어에서 온 것으로 추정된다. 즉, 일본어에 'はっぽうびじん[八方美人: 핫뽀오비징]'이라는 단어가 있는데 우리말로는 '팔방미인'이라는 긍정적 표현이지만, 일본에서는 '어느 것 하나 제대로 하지 못하는 사람'을 뜻한다. 거기서 유래하여 '핫뽀비징→핫바지'로 구전되면서 변하였을 것으로 추정된다.

16. 해롱해롱

저자는 이번 책을 집필하는 동안 예상치도 못한 우리말이 일본

어에서 왔다는 것을 발견하고는 놀란 경우가 많았는데, 그 중의 하나가 이 '해롱해롱'이다. 우리가 '정신이 몽롱하다.' 또는 '몸 상태가 부실하다.'는 뜻으로 사용하는 이 단어 또한 일본어에서 온 것이 거의 확실하다. 일본어에 'へろへろ[헤로헤로]'라는 의태어가 있는데, '약하고 힘이 없음, 맥 빠진 모양'을 뜻한다. 이 말에서 비롯하여 '헤로헤로→해롱해롱'으로 변하여 우리가 마치 우리말인 양 사용하게 된 듯하다.

17. 헤라

구두를 신을 때 뒤쪽이 잘 들어가도록 받쳐주는 도구인 '구둣주걱'을 우리는 흔히 '헤라'라고 부르고, 페인트 작업장 등에서 쓰는 주걱같이 생긴 바탕 작업 도구도 '헤라'라고 부른다. 이 단어 또한 일본어의 'へら[篦: 헤라]'에서 온 것으로 '주걱'이라는 뜻이다. 재미있는 것은 이 단어가 물고기 이름인 'へらぶな[篦鮒: 헤라부나: 떡붕어]'의 약자로도 쓰인다는 사실이다. 낚시를 좋아하시는 분들은 기억해 두셔도 좋을 것 같다.

18. 헤베

건설 현장 등의 작업장에서 가장 많이 사용되는 단어 중에 넓이를 나타내는 '헤베'라는 용어가 있다. 우리말로 하자면 '평방미터'를 그렇게 부르는 것이다.

그러면 왜 그것을 '헤베'라고 할까? 이 역시 일본어에서 온 것으

로 'へいべい[平米: 헤에베에]'라고 쓰고 읽으며 '平方メートル[へいほうメートル: 헤에호오메토루]'의 줄임말이다. 즉, 두 단어로 구성된 말의 앞 머리만 이어 붙여서 줄인 말이다.

여기서 'メートル[메-토루]'는 프랑스어인 'mètre(메토르)'를 '가타카나'로 표기한 '미터'라는 뜻이며 이를 다시 일본식 한자 '米'로 대체하였고 그 발음이 'べい[베이]'이다. 그래서 '헤에메'보다는 발음하기가 편한 '헤에베에'를 많이 썼고 그것을 우리가 그대로 받아들여서 사용하고 있는 것이다.

19. 호로

트럭에 짐을 싣고 비가 올 때 씌우는 커버를 '호로'라고 한다. 그런데 이 단어 역시 일본어의 'ほろ[幌: 호로]'에서 온 것이며 그 뜻은 '덮개, 포장'이라는 뜻이다.

여기에서 유래하여 트럭에 씌우는 커버를 '호로'라고 자연스럽게 부르게 된 것이다.

20. 호루몬 야끼

일본에서는 '곱창구이'를 예전부터 '호루몬 야끼'라고 부르고 '조센징'들만 먹는 저급한 요리로 취급했다고 한다. 그러나 우리나라의 위상이 높아지고 '한류'가 유행하면서 일본에서도 이 요리를 많이 먹게 되었다. 그러면서 오히려 일본식 곱창 요리가 한국에 진출한 일본 음식점에서 판매되면서 '호루몬 야끼'라는 말을 자주 듣게 되었다.

이 단어의 뜻을 분석해 보면 재미있는 부분이 있다. 앞에서도 잠깐 언급했지만, 원래 일본에서는 도축할 때 나온 부산물 중 '내장'은 못 먹는 부분으로 알고 땅에 묻어버리는 경우가 많았는데, 그 당시 가난했던 재일 동포들이 그것을 파내어 잘 씻은 후에 불에 구워 먹었다고 해서 붙여진 이름이라는 것이다.

일본어에서 '호오루' 또는 '호루'라는 단어는 각각 '버리다', '파내다'라는 뜻을 갖고 있다. 그리고 '몬'은 일본어의 'もの[品: 모노: 물건]가 'もん[몬]'으로 줄어든 단어이다. 그러니까 '버린 물건' 또는 '파낸 물건'이라는 뜻에서 유래한 단어라고 할 수 있다. 일본어로 표기하자면 '放る[ほうる: 호오루]'는 '내버려 두다, 방치하다, 내던지다.'라는 뜻이고 '掘る[ほる: 호루]'는 '파다, 구멍을 뚫다.'라는 뜻이다.

21. 호리꾼

오래된 무덤이나 왕릉 등을 몰래 판 후 금, 은, 보석 등의 귀중품을 절취해서 파는 사람을 '호리꾼'이라고 한다. 이 단어는 '호리'라는 일본어와 '꾼'이라는 우리말이 합성된 말로 '호리'는 일본어 '호루[掘る: 호루]'라는 동사의 명사형인 'ほり[掘り: 호리]'에서 온 것이다. '파기, 구멍 뚫기'라는 뜻이다.

22. 호사키

낚시를 좋아하시는 분들에게는 아주 익숙하고 정겨운 단어일 것이다.

낚싯대의 제일 앞 '끝칸대'를 이르는 말로 일본어에서 유래한 단어이다.

일본어로 'ほさき[穗先: 호사키]'라고 쓰고 '이삭 끝, 칼, 창, 송곳, 붓 등의 끝'이라는 뜻을 갖고 있다.

23. 호이루

자동차 바퀴의 금속 부분을 '호이루'라고 한다. 이는 영어의 'wheel(휠)'을 가타카나 표기로 'ホイール[호이-루]'라고 쓴 것이 우리에게 구전으로 전해져서 사용하게 된 것이다.

24. 호치키스

흔히들 '스테이플러(stapler)'를 '호치키스'라고 부른다. 외국에서 도입된 많은 제품명이 그렇듯이, '회사명'이 '제품명'으로 통하는 경우는 대단히 많다. '포크레인', '클랙슨', '바리깡' 등이 그 예이다. '호치키스' 역시 '회사명'이 '제품명'으로 전환된 것이라고 할 수 있다.

'스테이플러' 제조사 중에 1897년에 미국에서 세워진 'E. H. Hotchkiss(핫치키스)'라는 회사가 있었는데, 1903년에 이 회사의 제품이 일본에 최초로 수입 및 유통되면서 '회사명'이 마치 '제품명'인 양 통용되게 되었다.

일제 강점기 때 우리도 이를 도입하면서 자연스럽게 '호치키스'라고 부르게 되었다.

일본에서는 '호치키스'가 '스테이플러'라는 원명을 제치고 공식 명칭으로 채택되었으며, 우리나라는 '스테이플러의 별칭'이라고 사전적 정의를 내렸다.[6]

25. 혼모노

"이거 완전 혼모노야!"와 같이 쓰는 이 단어는 '정품', '진짜'라는 뜻으로 쓰이고 있다. 이는 일본어의 'ほんもの[本物: 혼모노]'에서 온 것으로 '진짜', '실물'이라는 뜻이다.

26. 혼방

'혼모노'와 비슷한 속어로 "완전히 취해서 '혼방' 가버렸다."라고 하면 '완전히 제대로 취해서 정신을 잃을 정도가 되어버렸다.'라는 뜻이다.

여기서 '혼방'은 일본어의 'ほんばん[本番: 혼방]'에서 온 것으로 '텔레비전의 본방송', '본 경기', '정식 행사'를 뜻하는 말이다. '본방송= 제대로 된'이라는 의미로 그렇게 사용하게 된 듯하다.

27. 후까시

"야! 어깨에 후까시 좀 빼라!"라고 하면 '허세 좀 부리지 마라.'는 뜻이다.

---

6) 출처: https://ja.wikipedia.org/wiki/ステープラー

하지만 미장원에서 "후까시 좀 많이 넣어주세요."라고 하면 '머리가 풍성해 보이도록 해 주세요.'라는 뜻이 된다.

이 단어 역시 일본어에서 온 것으로 'ふかす[吹かす: 후카스]'라는 동사의 명사형이 'ふかし[吹かし: 후카시]'이다. 그 뜻은 '티를 내다.'이므로 '티를 냄'이라는 뜻이라고 할 수 있다. 미장원에서의 '후까시'는 같은 발음인 'ふかし[蒸かし: 후카시: 찌게]'에서 온 것이라고 할 수도 있으나, 티 나게 해달라는 뜻에서 그렇게 '머리 부풀림'을 뜻하게 되었을 것으로 추정된다. 아니면 거꾸로 미장원에서의 '부풀림'이라는 이미지가 '허세'라는 뜻으로 이어졌는지도 모를 일이다.

28. 후끼

페인트칠할 때 붓으로 바르지 않고 압축 공기를 이용하여 분사하는 장치를 '후끼'라고 한다. 영어로는 'air spray gun(에어 스프레이 건)'을 말한다.

이 장치를 이용하여서 하는 페인트 작업을 '후끼 뻥끼'라고 한다.

이때의 '후끼'는 일본어 'ふき[吹き: 후키]'에서 온 것으로 '바람이 부는 것, 금속 등을 녹여서 주조하는 것'이라는 뜻이다.

여기서 '뻥끼'는 'paint(페인트)'의 일본어 표기인 'ペンキ[펭키]'에서 왔다는 것을 6장에서 이미 소개한 바 있다.

29. 후다

3장 49항 '뒷담화'의 [당구 게임 분야에서의 일본어 유래 단어와

의미] 표에서 한 번 소개한 단어로 'ふた[蓋: 후타]'라고 쓰고 읽으며 '뚜껑, 덮개, 커버'라는 뜻이나, '당구 용어'로도 쓰인다.

30. 후라이

'계란 후라이'라든가 '후라이 판'이라고 사용하지만, "후라이 치지 마라."든지 '후라이 보이'라고 할 때는 그 어원이 다르다.

순서대로 그 뜻을 말하면 '계란 부침', '프라이팬(fry pan)'을 일본어로 'フライ[후라이: 부침, 튀김]'라고 쓰고 읽은 것이고, 뒤에 나오는 "후라이 치지 마라."나 '후라이 보이'는 영어의 'fly(플라이)'에서 온 것으로 '파리, 깃털 모양의 가짜 미끼'를 뜻하는데, 그 뉘앙스 때문에 '가짜, 거짓말, 과장됨'의 뜻으로 사용하게 된 듯하다.

'후라이 보이'는 그 예명을 쓰신 원로 코미디언 '고(故) 곽규석 씨'가 사용하던 별명이다. 그가 한때 미 공군 위문 공연을 할 때 붙여진 애칭이라고 한다. 'fly boy(플라이 보이)'는 '미 공군 사병'을 친근하게 부르는 애칭이다.

31. 후앙

자동차 부품 중에서 엔진의 열을 식혀주기 위하여 엔진룸의 제일 앞부분에서 강제로 바람을 불어주는 장치를 그렇게 부른다. 영어의 'fan(팬)'을 가타카나로 표기하는 과정에서 'ふあん[후앙]'이라고 쓰고 읽은 것을 우리가 그대로 구전으로 사용하다 보니 '후앙'이 된 것이다.

32. 히꾸무리

"뭐가 '히꾸무리'한 것이 잘 보이지 않는다."라고 하면 '무엇인가가 흐릿해서 잘 보이지 않는다.'라는 뜻을 강조해서 쓴 말이다. 여기서 '히꾸무리'도 일본어에서 온 것으로 추정되는 단어이다. 일본어에서 'ひっ[引っ: 힛]'은 '동사' 앞에 붙여서 강조할 때 쓰는 말이고, 'くもり[曇り: 구모리]'는 'くもる[曇る: 구모루: 흐리다, 구름 끼다]'라는 동사의 명사형으로 '흐림, 어두움, 불투명'이라는 뜻이다. 그러니까 '히꾸무리'는 'ひっくもり[힛쿠모리]'라는 강조된 표현에서 유래하였을 확률이 아주 높다. '힛쿠모리→히쿠무리→히꾸무리'로 변하였다.

33. 히끼

당구에서 자주 사용하는 용어로 '시끼'라고도 변형되어 사용된다.

3장 49항 '뒷담화'의 [당구 게임 분야에서의 일본어 유래 단어와 의미] 표에서 자세히 설명한 바 있다.

일본어 'ひき[引き: 히키]'에서 온 것으로 '끌어당김'이라는 뜻이다.

34. 히레 정종

복요리 전문점에 가서 따끈한 '정종 술'을 주문할 때, "히레 넣어서 해 주세요~" 또는 "히레 정종 주세요~"라고 하는 것을 들을 수 있다.

여기서 '히레'는 복어의 지느러미를 말려서 구운 것을 말하며, '정종'이라는 명칭 또한 '청주(清酒)'의 상품명인 '마사무네'의 한자

'正宗(정종)'을 우리 발음으로 그대로 읽은 것인데, 우리가 '청주'와 같은 의미로 쓰고 있는 것이다.

다시 '히레'로 돌아가서 이 단어는 'ひれ[鰭: 히레]'라고 쓰고 읽는다. 일본어로 '물고기의 지느러미'를 의미한다.

35. 히로뽕

마약의 한 종류인 '히로뽕'의 어원 역시 일본어로부터 온 것이다.

'각성제'의 상품명 중에 영어로 'Philopon(필로폰)'이라는 것이 있었는데, 이것을 가타카나로 쓰는 과정에서 'ヒロポン[히로뽕]'이라고 표기하였고, 그것이 우리에게 그대로 구전되어 쓰게 된 것이다.

36. 히마리

"야! 너 요즘 왜 그렇게 '히마리'가 없냐?"라는 식으로 많이 사용하는 이 단어는 마치 우리말의 '힘'에서 파생된 단어 같이 사용하고 있으나 알고 보면 일본어에서 온 것이다. 일본어에 'しまり[締まり: 시마리]'라는 단어가 있는데 그 뜻이 '긴장, 맺힌 데, 야무짐'이고, "しまりがない[締まりが無い: 시마리가 나이]."라고 하면 '야무지지 못하다, 절도(節度)가 없다.'라는 뜻이다. 바로 이 단어에서 유래하여 '시마리→히마리'로 변하여 마치 우리말의 '힘'을 연상시키는 단어로 혼동되어 사용되었다고 추정된다.

37. 히사시

건축 계통의 업종에서 집의 차양을 일컬을 때, '히사시'라는 용어를 일종의 전문 용어같이 사용한다. 이 말 역시 일본어 'ひさし[庵: 히사시]'에서 온 것으로 '차양, 모자 차양'이라는 뜻이다.

한편, 과거 한때 미장원의 머리 스타일 중에서 '히사시 머리'라는 것이 있었다고 하는데, 이 역시 연세가 좀 드신 분들이나 기억하는 듯하다. 'ひさしがみ[庇髪: 히사시가미]'라고 쓰고 읽으며 '앞머리를 쑥 내밀게 빗은 머리 스타일'을 뜻했다고 한다.

38. 히야까시

"히야까시 걸지 마~!" 또는 "히야까시 하지 마~!"라는 형식으로 사용되는 이 단어는 '장난 걸지 마~!' 또는 '놀리지 마~!'라는 뜻이다.

저자가 학창 시절 때만 해도 특히 여학생을 놀리거나 사귀자고 말을 거는 것을 두고 "히야까시 한다."라는 말을 썼다. 지금은 연세 좀 드신 분들이 가끔 사용하는 단어라고 본다. 일본어로 'ひやかし[冷やかし]'라고 쓰고 읽으며 '놀림, 놀리는 사람'을 뜻하는데 그것을 그대로 쓰고 있는 것이다.

39. 히야시

우리는 맥주나 콜라 등을 차게 한 것을 두고 "히야시가 잘 됐다."라든가 "히야시 잘 된 음료수 있어요?"라는 식으로 이 말을 자주 쓴다.

이 단어 또한 일본어 'ひやし[冷やし: 히야시]'에서 온 것으로 '차게 하다.', '식히다.'의 동사인 'ひやす[冷やす: 히야스]'에서 온 것을 우리가 그대로 쓰고 있는 것이다.